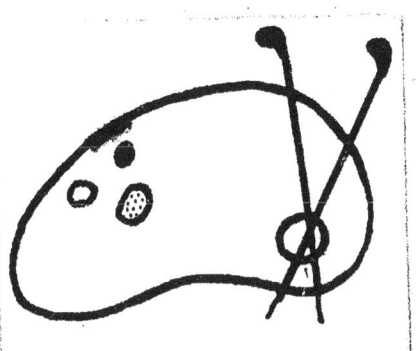

Début d'une série de documents en couleur

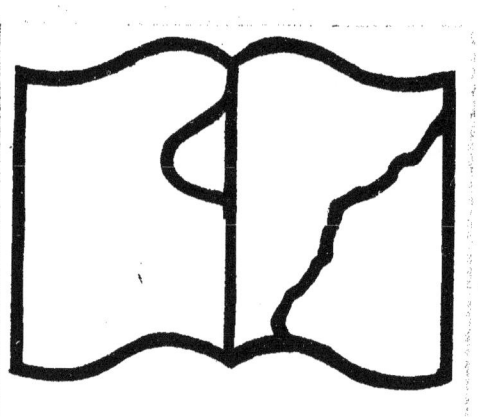

Texte détérioré — reliure défectueuse
NF Z 43-120-11

AMYOT, ÉDITEUR, 8 RUE DE LA PAIX

OUVRAGES DE GUSTAVE AIMARD

PREMIÈRE SÉRIE.

1. Les Trappeurs de l'Arkansas. . 1 vol.
2. Les Rôdeurs des frontières. . 1 vol.
3. Les Francs-Tireurs. . . . . 1 vol.
4. Le Cœur-Loyal. . . . . 1 vol.

DEUXIÈME SÉRIE.

1. Le Grand Chef des Aucas. . 2 vol.
2. Le Chercheur de pistes. . . 1 vol.
3. Les Pirates des prairies. . . 1 vol.
4. La Loi de Lynch. . . . . 1 vol.
5. La Grande Flibuste. . . . 1 vol.
6. La Fièvre d'or. . . . . 1 vol.
7. Curumilla. . . . . . 1 vol.
8. Valentin Guillois. . . . 1 vol.

TROISIÈME SÉRIE.

1. Les Outlaws du Missouri. . 1 vol.
2. Balle-Franche. . . . . 1 vol.
3. L'Éclaireur. . . . . . 1 vol.

QUATRIÈME SÉRIE.

1. Les Chasseurs d'abeilles. . . 1 vol.
2. Le Cœur de pierre. . . . 1 vol.

CINQUIÈME SÉRIE.

1. Le Guaranis. . . . . 1 vol.
2. Le Montonero. . . . . 1 vol.
3. Zéno Cabral. . . . . 1 vol.

SIXIÈME SÉRIE.

1. Les Aventuriers. . . . 1 vol.
2. Les Bohèmes de la mer. . 1 vol.
3. La Castille d'or. . . . 1 vol.
4. Ourson Tête-de-Fer. . . 1 vol.

SEPTIÈME SÉRIE.

1. Les Gambucinos. . . . 1 vol.
2. Sacramenta. . . . . 1 vol.

HUITIÈME SÉRIE.

1. La Mas-horca. . . . . 1 vol.
2. Rosas. . . . . . 1 vol.

La Main-Ferme. . . . . 1 vol.
L'Eau qui court. . . . . 1 vol.
Les Nuits mexicaines. . . 1 vol.
Les Vaudoux. . . . . 1 vol.

Les numéros indiquent l'ordre dans lequel chaque série doit être lue.

DU MÊME AUTEUR

LES INVISIBLES DE PARIS

Les Compagnons de la lune. . . . . 1 vol.
Passe-Partout. . . . . 1 vol.
Le comte de Warrens. . . . . 1 vol.
La Cigale. . . . . 1 vol.
Hermosa. . . . . 1 vol.

PARIS. — E. DE SOYE, IMPRIMEUR, PLACE DU PANTHÉON, 2.

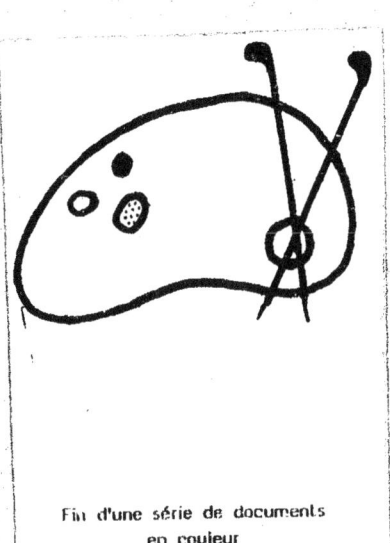

Fin d'une série de documents en couleur

LES COMPAGNONS

DE

LA LUNE

PARIS. — IMPRIMERIE ARNOUS DE RIVIÈRE ET C⁰,
Rue Racine, 26.

LES INVISIBLES DE PARIS

LES
COMPAGNONS
DE
LA LUNE

PAR

GUSTAVE AIMARD
ET
HENRY CRISAFULLI

DEUXIÈME ÉDITION

PARIS
AMYOT, ÉDITEUR, 8, RUE DE LA PAIX

MDCCCLXXVI

Mon cher Amyot,

Depuis *le Diable boiteux* jusqu'aux *Mémoires du Diable*, bien des romans ont paru octroyant à leurs héros le don d'ubiquité fantastique.

Tout en admirant l'ingéniosité gracieuse, l'invention spirituelle de Lesage, l'immortel auteur de *Gil-Blas*, le père et le premier de nos romanciers, tout en rendant ample justice à la vigueur fiévreuse, à l'imagination ardente et multiple de Frédéric Soulié, l'un de nos écrivains les plus regrettés, nous ne procéderons pas de la même façon qu'eux.

Autres temps, autres lecteurs, autres œuvres.

La tâche ardue que nous entreprenons étant une reproduction exacte de faits vrais, longs et nombreux anneaux d'une chaîne fatale, se rattachant les uns aux autres par la force des choses, nous ne ferons intervenir ni Satan, ni Astaroth dans notre entrée en matière.

Ces pauvres *diables* sont bien usés en l'an de grâce et de paix où nous vivons. La génération qui nous succède et nous chasse n'a plus en eux la foi naïve de notre enfance; ils sont passés ces jours de fête, où Méphistophélès s'en donnait à cœur joie sur les Faust petits et grands de la vieille Allemagne et de la jeune France.

Aujourd'hui, pour exister, il est obligé de faire constater son identité par huissier.

Certes, aujourd'hui, la plus timide, la mieux élevée de nos jeunes filles, coryphée des mazurkas du grand monde, ou le plus idiot de nos aimables gandins, conducteur de cotillon ou marqueur de steeple-chase, rirait bien à votre nez et à votre barbe, si vous lui jouiez la fonte des balles du *Freyschütz* en le priant d'évoquer le Belzébuth de Weber; oui il rirait bien et vous répondrait la bouche en cœur et de sa plus douce voix : *En chasse, en chasse, ma petite vieille, tu peux te fouiller! c'est dans le nez que ça m'chatouille.*

Cela, ou autres gentillesses à l'usage des salons du Vaudeville.

Si vous le voulez, nous nous y prendrons autrement, à la façon simple de ce bon Rétif de la Bretonne, l'auteur de tant de livres si bien lus et si bien oubliés, l'auteur, entre autres du *Spectateur nocturne*, recueil de vérités ayant toutes l'apparence de mensonges.

Singulière existence que celle de ce laborieux romancier !

Amoureux de son intérieur, de son *at home*, il se vit obligé de toujours vivre par voies et par chemins; nature morale et intelligente, il écrivit des centaines de volumes légers et frivoles, sacrifiant son goût ou plutôt ses goûts aux appétits grossiers d'un public déjà blasé, faute de force pour les lui imposer! Sisyphe de lettres qui ne parvint jamais à caler son rocher sur cette haute cime qu'on appelle le succès et qui donne gloire ou fortune.

Que nos lecteurs se rassurent toutefois : si nous prenons Rétif de la Bretonne pour modèle, ce ne sera que comme un modèle de vérité et de réalisme.

Les Invisibles de Paris étant un roman essentiellement actuel et parisien, malgré toute notre bonne volonté pour notre prédécesseur, il nous serait impossible de penser et de parler comme lui.

Nous ne reculons pas devant le récit le plus compliqué et le plus extraordinaire qu'on ait offert à la curiosité publique; nous espérons que les curieux nous tiendront compte de nos recherches, de notre travail et de notre conscience.

Gustave AIMARD. — Henry CRISAFULLI.

LES INVISIBLES DE PARIS

PROLOGUE

A VOL D'OISEAU

I

Où Passe-Partout entre en scène.

La nuit du dimanche gras, carnaval de l'année 1847, l'auteur du *Spectateur nocturne* eût eu fort à faire et beaucoup à voir, entre minuit et une heure, si, témoin occulte, du haut d'un observatoire central comme la lanterne du Panthéon, il avait pu s'intéresser simultanément à ce qui se passa, dans ce court espace de temps, barrière de

Fontainebleau, rue Beaujon, sur le Pont-Royal et dans une impasse avoisinant le Marché-aux-Chevaux.

Malheureusement, ainsi que nous venons de le constater, depuis un demi-siècle à peu près, Rétif de la Bretonne et son œuvre dorment et se reposent dans la poussière de l'oubli; et dans le monde où sans doute plane son âme curieuse et taquine, le vieux rôdeur de nuit ne songe plus guère aux choses d'ici-bas.

Nous essayerons donc de le remplacer, en décrivant de notre mieux les quatre scènes étranges et mystérieuses qui, tout en se composant d'éléments hétérogènes, forment les quatre assises de notre histoire.

Sur la route de Paris à Villejuif, à une centaine de pas de la barrière de Fontainebleau, un ouvrier vêtu d'une blouse bleue et d'un pantalon de toile de même couleur, un béret basque enfoncé jusqu'aux sourcils, un cigare à la bouche, se promenait de long en large, envoyant de temps à autre une bouffée de fumée en l'air, et paraissant s'occuper aussi peu du carnaval qui s'en va que du carême qui arrive.

Et cependant c'est l'heure du plaisir ou du sommeil; celle de la flânerie est passée, celle des affaires le paraît encore plus.

Oh! Paris, ville de ténèbres et de lumières, réceptacle de toutes les fanges et de toutes les gloires tu n'as pas de plus chère complice que la nuit! il se taille plus de besogne dans ton giron à la pâle et blanche clarté des étoiles qu'aux rayons du soleil! Tu protéges les *travailleurs* de ces heures mystérieuses!

Ah! tes rues, désertes et calmes en apparence, cachent plus de mouvement et de passions, plus de rires et de sanglots, plus de grincements de dents et d'espérances menteuses, que ne pourra jamais en inventer l'imagination du romancier le plus fécond!

Depuis près de vingt minutes déjà, notre promeneur allait d'un arbre à l'autre, sans dépasser la limite qu'il devait s'être tracée mentalement.

Il ne témoignait aucune impatience de sa solitude et de sa longue attente.

D'une taille au-dessus de la moyenne, la souplesse de sa démarche, l'assurance et l'harmonie de ses mouvements, disaient assez que l'homme à la blouse bleue n'avait à redouter aucune attaque brutale. A coup sûr c'était un rude compagnon.

Néanmoins, quoique par son costume, par sa coiffure et par ses allures un peu plébéiennes, il cherchât à se faire prendre pour un homme du peuple, la blancheur de ses mains, la délicatesse de ses traits énergiques, éclairés par deux yeux bruns pleins d'éclairs, et surtout une habitude du commandement qui se lisait dans chacune de ses distractions, démentaient son déguisement moral et physique.

Etait-ce par insouciance ou de parti pris qu'il négligeait de répondre aux regards soupçonneux que lui lançaient les charretiers se dirigeant sur Paris ?

Si ses yeux surveillaient la route et les voyageurs, sa pensée était loin de lui.

Cependant la route de Villejuif ne jouissait pas alors d'une très-bonne réputation. On parlait d'attaques à main armée, d'un colporteur assassiné et jeté dans une des carrières qui abondent en cet endroit.

Assurément, la promenade régulière de notre individu, ses airs d'insouciance et de quiétude profonde ne devaient être rien moins que rassurants pour les gens qui le croisaient.

Depuis quelques instants aucune charrette ne passait. Aussi loin que la vue pouvait s'étendre, la route se montrait complétement déserte, lorsque soudain l'homme à la blouse bleue écouta attentivement et fit un geste de satisfaction.

— Le voici ! murmura-t-il.

Le son d'une trompe lointaine se fit entendre, et plus près de lui le hululement d'un oiseau de nuit.

A son tour, il porta deux doigts à sa bouche et fit retentir ce cri sourd et clair que les chouans employaient lors de la guerre de la Vendée pour se garder et se reconnaître les uns les autres.

Puis, s'arrêtant subitement pour jeter autour de lui un regard investigateur, il secoua la cendre de son cigare, en aspira précipitamment quatre ou cinq bouffées, afin d'en rendre le feu plus visible, et cela fait, il traversa la chaussée presqu'en courant.

Se placer juste au milieu de la route, au point le plus culminant, de façon à être aperçu de loin, lancer le cigare en l'air et lui faire décrire une parabole brillante de clarté et d'étincelles, fut pour lui l'affaire d'un moment.

Presque aussitôt, en réponse à son signal, le cri du hibou se fit entendre de nouveau, suivi du son de la trompe, qui parvint aux oreilles de l'inconnu plus fort et plus rapproché. Alors le singulier promeneur, se rejetant en arrière et s'abritant derrière le tronc d'un orme monstrueux, sortit un masque d'une poche de sa blouse, se l'appliqua sur le visage et attendit, sans qu'un seul battement de plus vînt précipiter son pouls dans ses veines.

Sans qu'il fût possible de s'en douter, ses mains, qui semblaient chercher la chaleur dans chacune des poches de son bourgeron, jouaient avec la crosse d'un pistolet.

Certes, au besoin, ces deux petits bijoux, modestes et cachés comme des violettes, n'auraient pas manqué de se mêler à la conversation qui allait se tenir.

La nuit était magnifique, le froid vif, l'atmosphère pure et transparente, et tout le paysage environnant semblait revêtu d'un caractère hoffmanesque, d'une couleur fantastique.

La présence de notre inconnu, deux notes rauques et mélancoliques, deux cris de hibou avaient suffi pour poétiser cette vallée qui, quelques heures auparavant, n'avait rien que de très-prosaïque. Le monsieur Jourdain de Molière n'aurait rien compris à ce changement.

Une légère brise passait à travers les branches des arbres; les ormes et les peupliers chuchotaient avec elle et se laissaient doucement agiter et caresser.

Le galop rapide d'un cheval rompit brusquement le silence de cette nuit solitaire.

Bientôt après, le cheval lui-même parut, descendant à toute bride la côte escarpée de Villejuif et se dirigeant vers Paris.

Arrivé à la hauteur ou plutôt en face de l'arbre derrière lequel l'homme à la blouse bleue s'était embusqué, l'animal s'arrêta brusquement, comme si ses sabots se fussent subitement trouvés soudés au sol.

Le cavalier qui le conduisait, masqué ainsi que son interlocuteur, demanda d'une voix basse, mais claire :

— Passez-vous ?
— J'attends, lui fut-il répondu.
— Combien ?

— Sept.
— Venant d'où ?
— De la *lune*.
— L'heure ?
— Deux.
— Le maître ?
— Est venu.
— Est-ce tout ?
— C'est tout.

Le cheval repartit, comme emporté par une trombe, par un tourbillon. Pourtant l'ouvrier demeura immobile derrière l'arbre qui le dissimulait, tant que le galop du cheval fut perceptible.

Lorsque la route fut devenue paisible et sûre pour lui, il ôta son masque, retira ses mains de ses poches, ou plutôt de ses pistolets, et toussant doucement :

— La Cigale ! fit-il.
— Me voici, capitaine, répondit une voix mâle et de fort calibre.

La porte d'une hutte de cantonnier placée à quelques pas de là s'ouvrit, un homme en sortit. Mais pour en sortir, il se vit obligé de se courber en deux, tant sa taille était haute et sa carrure athlétique.

Cela fait, il se redressa avec un soupir de satisfaction, et, se frottant joyeusement les mains, il arriva en présence de l'ouvrier qu'il venait d'appeler son capitaine. Là, portant la main à son bonnet qui affectait une forme militaire, il le salua, la main droite au front, et se tint immobile et silencieux.

— Tu peux paraître maintenant. Tout est fini.

La Cigale ne broncha pas.

L'homme qui répondait au nom de la Cigale était un grand gaillard d'au moins six pieds français, taillé à coups de hache, toujours gêné par la quantité d'air qu'il était forcé de déplacer, embarrassé de sa largeur et de sa longueur.

Mais, comme il arrive souvent, sous cette enveloppe gigantesque, redoutable, se cachait une âme presque enfantine, nous dirions timide, si le mot de timide chez un homme n'impliquait pas un peu l'idée de lâche.

Or, la Cigale et un lâche n'avaient jamais marché dans les mêmes espadrilles, depuis une quarantaine d'années qu'il existait. Sa physionomie intelligente et rusée, ses yeux gris et comme percés avec une vrille, ses cheveux et sa barbe fauves comme la crinière d'un lion ; puis, brochant sur le tout, un teint bistré, couleur de brique, composaient un singulier ensemble.

Il y avait dans cette nature-là quelque chose qui vous attirait et vous repoussait à la fois.

Son costume, celui des débardeurs et déchargeurs des ports : bourgeron et pantalon gris, casquette sans visière, faisait admirablement ressortir la vigueur herculéenne d'un torse taillé d'après l'antique.

En somme, ce bon monsieur la Cigale était un petit camarade qu'il valait mieux avoir pour ami que pour ennemi.

L'ouvrier le laissa quelques instants dans son attitude de chien qui craint d'être fouetté par son maître, puis :

— Pourquoi es-tu venu ici, malgré mes ordres? lui demanda-t-il d'une voix sévère.

L'autre changea de position, baissa la tête, et ne trouva rien à répondre.

Une particularité dans ce pauvre mastodonte, c'est que, pour peu que la moindre émotion vînt le saisir, il était obligé de retourner sept fois sa langue dans sa bouche pour ne pas bégayer, ou tout au moins pour ne pas lâcher une bêtise, une énormité.

— Ne suis-je plus le maître auquel on obéit sans réfléchir, continua l'ouvrier sur le même ton, ou bien me prend-on pour un enfant qui ne saurait marcher sans lisières?

— Pardon... je... je... je croyais bien faire, murmura le pauvre diable d'une voix piteuse.

— Tu as eu tort. Tu m'as désobéi. La première fois que cela t'arrivera, je t'en avertis, toutes relations cesseront entre nous. Je ne te considérerai ni plus ni moins que mes autres... subordonnés.

— Oh! mon... mon capitaine!

— Ne m'appelle pas capitaine... Ici, je ne suis que Passe-Partout, ton camarade.

— Oh! mon cap...

— Encore!

— Je ne peux pourtant pas vous laisser risquer votre peau à tout bout de champ, sans m'en mêler, grommela-t-il comme un dogue qui se révolte.

— Quel danger courais-je, imbécile?

— Suffit, dit l'autre d'un air satisfait, vous m'appelez...

— Tu.

— Comment! Tu?

— Tutoie-moi.

— Je n'oserai jamais.

— Il le faut.

— Mais...

— Je le veux! s'écria l'ouvrier avec impatience.

— Bon!... Tu... tu... tu... m'as appelé imbécile, donc tu ne m'en veux plus, mon bon Passe-Partout.

— A la bonne heure!

— Après ça, vous... tu... vous avez bien le droit de faire ce qui vous convient... Ah! foi d'homme, tant pis! je peux bien vous traiter de « mon capitaine, » mais je ne pourrai jamais vous tutoyer comme un va-nu-pied.

— Au diable! fit Passe-Partout, parle-moi comme tu l'entendras, mais n'oublie jamais que je ne suis qu'un ouvrier comme toi, ton camarade d'atelier, ton inséparable.

— Vous voyez bien que je ne peux pas me séparer de vous. C'est vous qui venez de le dire.

— Soit.

— J'ai donc bien fait de venir.

— Sans et contre mon ordre? répondit sévèrement Passe-Partout.

— Dame! oui, qu'il me semble, murmura la Cigale en baissant les yeux sous le clair regard de son interlocuteur?

— Même si je te jure que je ne te pardonnerai pas ta première désobéissance, ta prochaine indiscrétion.

— Il n'y a pas de dé... dé... désobéissance quand l'intention d'obéir y est. Il ne peut pas non plus... plus y avoir d'indiscrétion... Je suis muet comme une baleine quand il s'agit de... de... de...

Et le géant se sentit tellement ému que la fin de sa phrase ne put jamais sortir.

— Allons, allons, mulet, n'en fais qu'à ta guise, repartit Passe-Partout en se laissant toucher malgré lui par cet accent vrai. Sois prudent, seulement. Un de ces jours, tu me compromettras sans t'en douter.

— Ce jour-là, faites-moi sauter le crâne, je ne recommencerai plus.

— Ta main !

— Oh! mon... mon capitaine ! — je veux dire... monsieur Passe-Partout.

— Souviens-toi que tu t'es jeté bien souvent

entre la mort et moi !... Toute fausse démarche peut me coûter la vie...

— Vous voulez dire que ce n'était pas la peine de vous la sauver pour... pour...

— Pour me la faire perdre au moment où le but approche.

— Oh cela ! jamais !

— Puisque tu m'as suivi malgré moi, sais-tu ce qu'est devenu Caporal ?

— Tout de même. C'est un matelot fini ; il ne manquera pas son coup, quoiqu'il se soit embarqué sans palan.

— Tout n'est pas dit encore ! fit en hochant la tête l'homme à la blouse bleue.

— Caporal est bien fin... Soyez calme... Il ne se laissera pas *genopper*.

— Je compte sur lui. Mais mieux vaut faire comme si je n'y comptais pas. Regarde si mon cheval est toujours derrière la hutte.

— Il y est. Je l'ai attaché au même arbre que le mien.

— Bien. Va me le chercher.

La Cigale tenait de l'Arabe, pour qui entendre c'est obéir... quand il lui plaît d'obéir.

Ouvrant l'immense compas de ses jambes, il s'éloigna rapidement.

Passe-Partout, ou le capitaine, — nous lui conserverons ce nom ou ce titre jusqu'à plus ample information, — se débarrassa aussitôt de sa blouse, de son pantalon, de son béret. Il parut alors dans une tenue de cheval d'une élégance irréprochable.

Enlevant la perruque noire et la fausse barbe de même couleur qui le déguisaient à tous les yeux, il ne garda qu'une fine moustache coquettement retroussée.

L'ouvrier de tout à l'heure se trouva métamorphosé en un jeune élégant au visage pâle et diaphane, aux traits fins et délicats comme ceux d'une femme qui n'aurait pas encore atteint la trentaine.

L'œil seul n'avait pas changé.

C'est une chose à remarquer : tous les hommes qui, par besoin, par métier, se travestissent journellement, agents de police, espions ou voleurs, arrivent avec une habileté rare, mais concevable, à des résultats extraordinaires pour tout ce qui concerne la démarche, la tournure, la taille, le visage, même la voix ; mais jamais le plus expert n'est parvenu à changer l'expression de son regard.

Il vient toujours un moment où l'homme tout entier se révèle dans son œil.

Au moment où le capitaine achevait sa transformation, ou pour mieux dire sa toilette, la Cigale reparut, conduisant deux magnifiques bêtes en bride, et tenant de la main gauche un chapeau et une cravache.

— Pourquoi deux chevaux ? demanda le capitaine en sautant en selle.

— Est-ce que je ne vous accompagne pas ?

— Dans cette tenue? Tu es fou.

— C'est vrai.

— D'ailleurs, ne faut-il pas que tu fasses disparaître toutes ces nippes?

— C'est encore vrai. Je suis une brute.

— Tu ne me croirais pas si je le disais, fit le capitaine avec un sourire.

— Tout de même... Et, quand j'aurai changé de peau et caché tout ça, qu'est-ce que je ferai?

— Ce que tu voudras.

— Vrai?... dit le géant avec joie; je pourrai vous suivre?...

— Tu me rejoindras... j'y consens, puisque si je n'y consentais pas, ce serait exactement la même chose.

— Pour ça, oui.

— Du reste, il est possible que j'aie besoin de toi.

— Bon!... vous pouvez démarrer... Je serai bientôt dans vos eaux... là-bas, n'est-ce pas?

— Oui.

— Est-ce que vous ne prenez pas d'armes sur vous?

— J'ai des pistolets.

— Faudra avoir un revolver; ça vaut mieux.

— Allons, adieu. Ne tarde pas trop... et surtout sois prudent. Il y va de ma liberté, peut-être de ma vie.

— Bon! vous pouvez vous en aller.

Le jeune homme lui fit un dernier signe de tête amical, tendit la main et s'éloigna, au grand trot, dans la direction de la barrière d'Italie ou de Fontainebleau, ainsi qu'on la nomme plus ordinairement.

— On veillera au grain, murmura à part lui le géant tout en s'occupant de la disparition des différents vêtements laissés par son capitaine.

Après en avoir fait un paquet qu'il attacha à l'arçon de sa selle, il siffla un petit air de bravoure, jeta un dernier regard de précaution pour explorer les environs, et ne voyant rien de suspect, il se mit en selle.

Peu d'instants après il galopait vers Paris.

Cinq minutes ne s'étaient pas écoulées depuis le départ de la Cigale, que le branchage d'un des arbres de la route s'entr'ouvrit, une tête pointue comme celle d'un renard s'avança, examina les environs ; puis un corps suivit la tête pointue, et le tout dégringola lestement jusqu'à terre.

Là, cette étrange réduction de l'espèce parisienne, tenant un peu de l'homme et beaucoup du singe ou du renard, comme nous l'avancions plus haut, un *voyou* de la plus laide venue se mit à ramper jusqu'à la hutte du cantonnier, tout en prenant certaines précautions et en bredouillant entre ses dents :

> La cigale ayant chanté tout l'été,
> Se trouva fort dépourvue
> Quand la bise fut venue,

Puis, sans être obligé de se baisser comme le géant dont il raillait le nom, pour entrer dans ce pauvre taudis, l'enfant, le gnome, l'être curieux que nous venons de mettre en scène, tira de sa poche une boîte d'allumettes, en frotta une contre le sol, y mit le feu, et, s'orientant, il se dirigea rapidement vers une sorte de judas pratiqué dans la hutte, en face de l'entrée.

— Ça y est, pensa-t-il. Attendons.

Mais il n'attendit pas longtemps.

Un léger bruit se fit entendre derrière la hutte, et une main gantée, petite, aux doigts longs et fins, passa à travers l'ouverture formée par le petit judas.

La main tenait un louis.

Le gamin le prit tout en murmurant :

— Excusez.... plus que ça de chic..., un jouvin de duchesse qui vous tend un jaunet. Nous sommes donc dans le grand monde ?

La main se retira.

Il reprit plus haut, mais pourtant avec précaution :

— Est-ce vous, m'sieur Benjamin ?

— Oui, répondit une voix douce et ferme à la fois.

— Vous avez vu ?

— Tout.

— C'est-il votre affaire ?

— Que t'importe ? Je te paye.

— Juste comme de l'or. Vous n'avez plus besoin de rien !

— Si.

— De quoi ? Allez-y au même prix, je vous appartiens. Vous n'avez qu'à parler. Qué qui vous faut ?

— Ton silence.

— Motus, n, i, ni, c'est fini.

— Et ton sommeil.

L'enfant se jeta sur un lit de feuilles sèches et poussa un ronflement des plus sonores.

Alors, un jeune homme mince, fluet, à la mine efféminée mais résolue, quitta l'embuscade où il se tenait derrière la hutte, et la tournant se dirigea vers la grande route.

La lune jetait une clarté blanche et rayonnante.

Le jeune homme se vit forcé de passer devant la porte du taudis.

L'enfant, ronflant toujours, ouvrit un œil.

Le jeune homme, dans sa précipitation, accrocha le haut de son chapeau à une branche. Le chapeau tomba ; en même temps, une longue et abondante chevelure d'un noir de jais se déroula sur ses épaules.

En un tour de main, les cheveux reprirent leur tournure masculine et le chapeau fut remis en place ; puis cheveux et chapeau disparurent.

Mais si rapide que fût l'action du nouveau-venu ou de la nouvelle-venue, qui s'éloignait en si grande hâte, le gamin eut le temps de tout voir et de crier :

— Hé ! m'sieur Benjamin ! vous perdez vot' chignon.

Ne recevant pas de réponse, il ouvrit les deux yeux, les referma, se fit la nique à lui-même, faute de pouvoir la faire à d'autres, et après s'être souhaité une bonne nuit le plus tendrement possible, il s'endormit sur son lit de feuillage et de terre sèche comme sur un duvet de roi.

II

Un enlèvement qui n'est pas ce qu'il paraît être.

La demie sonnait à l'horloge du chemin de fer d'Orléans, boulevard de l'Hôpital.

Une voiture, venant de la place de la Bastille, après avoir traversé le pont d'Austerlitz et la place Valhubert, enfila au grand trot le boulevard de l'Hôpital, tourna la rue Poliveau et s'arrêta à l'angle formé par cette rue et celle du Marché-aux-Chevaux.

Les personnes que contenait cette voiture aux allures aristocratiques avaient probablement à se dire les derniers mots d'une conversation sérieuse et commencée depuis longtemps, car quelques minutes s'écoulèrent avant que la portière ne s'ouvrît.

Enfin un jeune homme élégamment vêtu en descendit.

Le cocher, obéissant à un mot d'ordre donné d'avance, abrita ses chevaux dans une encoignure sombre et se tint coi sur son siége, comme tout automédon de bonne maison doit faire en face d'une gelée blanche.

Cependant notre jeune homme, enveloppé dans un pardessus de couleur foncée, dont le collet relevé garantissait et défendait son visage contre les regards indiscrets et le froid piquant de la nuit, notre jeune homme s'enfonça à grands pas dans la rue du Marché-aux-Chevaux, en maugréant et pestant tout bas.

Les rues de ces quartiers éloignés du centre vivant de Paris sont encore aujourd'hui telles qu'elles étaient au moyen âge, étroites, mal bâties, plus mal pavées, sans air et sans soleil, privées de trottoirs et constamment boueuses.

La rue du Marché-aux-Chevaux surtout, habitée en grande partie par des carrossiers, des marchands de vin au détail et de pauvres hères appartenant à la classe la plus infime de la population, peut passer, été comme hiver, pour un véritable cloaque.

Cependant le jeune homme dont nous parlons, tout en jurant contre l'acuité des cailloux qui déchiraient ses bottes aux semelles fines et peu accoutumées à un pavé aussi rocailleux, s'orientait et se dirigeait vers une maison de misérable apparence.

L'adresse avec laquelle il évitait les flaques d'eau ou les tas de boue fétide qui se rencontraient à chaque instant sous ses pas, l'assurance avec laquelle il saisit le marteau rouillé d'une petite porte vermoulue, et le coup violent qu'il frappa, prouvaient clairement qu'il n'était un nouveau-venu ni pour le pavé, ni pour le marteau.

Il était attendu sans doute, car la porte s'entr'ouvrit aussitôt, et à travers l'entrebâillement passa la tête d'une vieille femme, si femme peut s'appeler l'être informe et hideux auquel cette tête appartenait.

Des yeux sans couleur précise, dont l'un tirait à *hue* et l'autre à *dia*; un nez aux cartilages rutilants, une bouche remplaçant des dents absentes par un sourire de danseuse sans emploi, un triple menton retombant sur des appas qui avaient dû exister quinze ans auparavant, mais qui, soit fatigue, soit maladie, avaient déserté leur immodeste séjour, le tout surmontant une masse ambulante de chairs fanées, haute de cinq pieds quatre pouces : — voilà ce que possédait l'aimable créature qui vint ouvrir à notre inconnu.

— Est-ce vous, m'sieu Olivier ? fit-elle d'une voix douce comme le dernier cri d'une scie en travail.

— Oui.

— Voyons ça ! voyons ça !... Approchez voir.

Et elle levait à la hauteur de son visage l'âme d'une lanterne sourde.

— Qui diantre voulez-vous que ce soit? répondit brusquement celui que la vieille venait de nommer Olivier; et, tout en répondant, il rabattait la lanterne de façon à ne pas laisser voir son visage.

— Dame! est-ce que je sais, moi? Jusqu'au jour d'aujord'hui vous n'avez pas voulu tant seulement me montrer le bout de votre nez.

— Ce n'est donc pas la peine de chercher à me reconnaître, dit Olivier en souriant avec ironie.

— Vous êtes ben dur pour le pauvre monde m'sieu Olivier... Et pourtant, Dieu sait si je vous suis dévouée... Sans moi la petite...

— Pas de sentiment. J'ai de quoi augmenter votre dévouement dans ce portefeuille,.. Thérèse est-elle prête ?

— Parbleure ! oui. Elle s'est habillée en rechignant, en faisant des manières pas vrai ; mais ces jeunesses, ça n'a pas la science infuse, c'est si bête!... Ça ne comprend pas qu'il n'y a qu'une chose au monde, l'argent... Ça parle de vertu, de bonne renommée, jusqu'au jour où, va te promener! ni vu ni connu je t'embrouille, et la danse commence... C'est cinq cents francs, vous savez?

— Les voici...

Et Olivier tira d'un portefeuille un billet de banque.

L'infâme vieille ne lui laissa seulement pas le temps de le lui tendre; elle fondit sur la main du jeune homme, prit l'argent, le mit dans sa poche avec un grognement de satisfaction, et ne remercia même pas, tant elle tenait à prouver sa vénération pour la Banque de France.

Olivier se recula avec dégoût pour que les doigts crochus de son interlocutrice n'effleurassent pas l'extrémité de sa main gantée.

— Il n'y a pas d'offense, grommela-t-elle... Entrez-vous?

— Non; prévenez.

— La petite?... Bon! elle est toute prévenue... Elle vous attend depuis longtemps déjà.

— Alors faisons vite. Priez-la de descendre.

— Sacr... Pardon!... mais vrai, là! vous êtes d'un vif, mon bon m'sieu Olivier, reprit la vieille sans bouger de place; ce n'est pas sans peine, allez que j'ai réussi.

— Bien! bien!

— Avec ça que la petite...

— Dites : mademoiselle Thérèse! fit Olivier impatienté.

— Oh! je veux bien... Avec ça que la petite mamz'elle Thérèse ne savait pas plus ce qu'elle voulait que la chatte d'en face. D'abord c'était oui... ensuite, non... Il a fallu voir quand je lui ai apporté les *frusques*, et qu'elle a dû entrer dans ce beau domino farci de dentelles noires... Ah! ouiche! saint bon Dieu! un vrai déluge de Niagara! quoi! J'en ai mouillé deux mouchoirs... mais je ne vous les compterai pas... C'est réglé, c'est payé... le blanchissage compris...

— Avez-vous fini ?

— Faut bien que je vous dise, pour que vous sachiez sur quel pied danser avec elle... Ne la brusquez pas, hein! Foi de vraie femme... c'est innocent comme la brebis qui vient de naître... Parole d'honneur! c'est bien la première fois que ça se voit chez moi...

— Taisez-vous donc, ou tout au moins parlez plus bas.

— Oh! il n'y a pas de danger... la petite ne se doute pas que...

— Maudite bavarde!

— Enfin, suffit. Elle ne connaît que cette entrée-là... et, vous le voyez, maison honnête, mon enseigne le dit assez : *Rose Machuré, revendeuse à la toilette, fait dans le neuf et dans le vieux, achète les reconnaissances du Mont-de-Piété et...*

— Au diable ! Voulez-vous monter chez elle, ou je monterai, moi?

— Faut que je vous dise... Après avoir pleuré comme une Madeleine, sans raison pour ça, ma foi! la pet... non, mam'zelle Thérèse s'est décidée. Domino, masque et gants noirs... gants noirs, remarquez, on sait son monde ! Si ça avait été une baladeuse de la Chaumière, je lui aurais collé des gants blancs nettoyés... mais...

— Allez toujours, dit Olivier, qui rongeait son frein, mais qui, réflexion faite, voulut entendre jusqu'au bout le verbiage de Mme Rose Machuré.

— Oh ! ce ne sera pas long. J'ai mes affaires aussi, moi ; tout le monde les a... Enfin, quoi !... elle est prête et mise comme une princesse en goguette. Ça m'a donné un mal !... mais ça y est. Vous pouvez vous flatter d'avoir la main heureuse, m'sieu Olivier ! Il n'y a pas moyen de trouver plus sage et plus rangé. Vous me recommanderez à vos amis et connaissances, pas vrai ?

— Avez-vous tout dit ?

— Pour ce qui regarde mam'zelle Thérèse ? à peu près... mais pour vous, m'sieu Ollivier, si j'ai un conseil à vous donner...

— Mère Machuré, gardez vos conseils et retenez bien ceci : Mlle Thérèse est une jeune fille pour laquelle je professe le plus grand respect...

— Du respect !... au bal de l'Opéra ! ricana la vieille.

— Si je l'ai amenée dans votre immonde taudis...

— Allez toujours... c'est réglé, c'est payé, les injures compris...

— Dans votre immonde taudis, répéta Olivier, c'est qu'il me fallait dépister de redoutables limiers acharnés à sa poursuite.

2.

— Ah bah! si j'avais su...

— Aujourd'hui qu'on a perdu sa trace, aujourd'hui qu'il n'y a plus de danger pour elle, même dans vos indiscrétions, je veux bien vous prévenir de ceci :

— Voyons, voyons.

— Oubliez que vous l'avez logée.

— Nourrie et blanchie quinze jours durant...

— Oubliez son nom, tout faux qu'il soit.

— Ah! elle ne s'appelle pas... de son nom?

— Perdez la mémoire de mes visites et de nos relations...

— Hum! c'est difficile...

— Et dans six mois... peut-être même avant six mois, vous recevrez une somme égale à celle que je viens de vous remettre...

— Bon saint Jésus! c'est-il possible?

— Sinon... Attendez-vous à tous les dangers, à tous les malheurs!...

— Je suis une honnête femme!... fit la mégère en se redressant. Je ne crains rien... Oui dà!... c'est qu'on est en règle avec l'administration, m'sieu Olivier.

— Vous vous attirerez la haine de gens plus puissants que... mais vous êtes avertie... Je vous en ai dit assez.

— Parbleure! on se taira. Dès qu'il y a un billet de femelle...

— Hein?

— Un billet de cinq au bout de mon silence, il n'y a pas de danger que je lâche un mot...

— Et maintenant... allez me chercher Mlle Thérèse.

— Qui n'est pas plus Thérèse que mon œil. On y va... on y va...

Et Mme Machuré, laissant sa porte entr'ouverte, rentra dans le corridor borgne qui précédait un escalier boueux, à peine éclairé par une veilleuse à demi éteinte.

— Ah ! madame la duchesse, si vous ne me teniez pas pieds et poings liés, je sais bien qui ne se chargerait pas de pareilles corvées, murmura Olivier, tout en frappant du pied avec impatience... Si jamais je suis libre... si jamais je...

Mais il eut sans doute peur d'être entendu, car, sans achever la phrase commencée, il jeta un regard soupçonneux autour de lui, et se mordit les lèvres jusqu'au sang, de regret d'avoir laissé échapper ce peu de mots.

L'absence de la Machuré ne fut pas de longue durée. Elle reparut peu d'instants après, suivie d'une jeune femme enveloppée dans un large manteau noir, un loup à barbe de dentelle sur le visage et laissant voir sous son manteau la jupe ou plutôt le bas d'un domino.

Elle tremblait et semblait ne suivre qu'à regret la Machuré, qui éclairait le corridor à l'aide de sa lanterne sourde.

Le jeune homme s'élança vers la jeune fille.

— Venez, lui dit-il, en lui offrant son bras, le temps nous presse.

La jeune fille prit le bras qu'on lui offrait, mais l'émotion fut plus forte que sa résolution, et elle fut forcée de s'arrêter.

— Vous tremblez... vous frissonnez... De grâce, rassurez-vous!... Appuyez-vous sur moi... vous n'avez rien à craindre!

— Mon Dieu! fit-elle d'une voix douce et suppliante... je vous demande pardon... je devrais être rassurée près de vous... je devrais me réjouir de quitter cette triste maison.

— Merci pour moi, grogna la vieille.

— Mais, reprit celle à qui nous donnerons encore le nom de Thérèse, ce costume, ces vêtements que je porte pour la première fois, cette solitude, l'heure à laquel! je me trouve près de vous!...

— Veut-elle pas aller voir M. Musard, chez lui, dans la matinée? continua la Machuré.

— Tout cela fait que je me demande si je suis bien éveillée...

— Faut-il la pincer? demanda la vieille à Olivier.

— Te tairas-tu sorcière!...

— Oh! là! là!

— Mademoiselle, ajouta Olivier... prenez mon bras et soyez sûre que c'est celui d'un ami.

— Connu! fit la Machuré.

— Où me conduisez-vous?

— Une voiture vous attend, et dans cette voiture...

— Tiens! ils ne seront pas seuls! Quel crétin! pensa la vieille.

— Et dans cette voiture? demanda Thérèse.

— Vous verrez quelqu'un, dit Olivier en souriant, qui chassera vos dernières hésitations... quelqu'un que vous serez heureuse de connaître.

— Allons! puisqu'il le faut...

— En v'là des manières! grommela la vieille... Allons! bon voyage, ma mignonne... Le premier pas est fait... Il n'y a que celui-là qui coûte... Allez jusqu'au bout... Soyez bien gentille... Fiez-vous à m'sieu Olivier qu'est un brave jeune homme et une bonne paye... Soyez heureuse, il n'en sera ni plus ni moins. Je connais ça... Et n'oubliez pas la maman Machuré, qui s'est mise en quatre pour votre service... quoi!

— Sorcière damnée! s'écria Olivier, en faisant un mouvement de menace vers elle.

Mais celle-ci ne l'attendit pas, elle se hâta de rentrer dans sa maison, et à travers la porte on l'entendit encore souhaiter bonne chance au jeune couple, de sa voix rogommeuse et pleine de ricanements.

— Je me sens mourir, murmura faiblement la jeune fille en s'appuyant contre le mur pour ne pas tomber ; les odieuses paroles de cette femme...

— Du courage, mademoiselle, ayez foi en ma promesse.

— Si vous me trompiez, monsieur Olivier, reprit-elle tristement ; si cet intérêt que vous me témoignez cachait un piége !

— Je vous pardonne ce doute, mademoiselle ; la démarche que vous faites en ce moment est grave ; vous allez vers l'inconnu, rien de plus naturel que votre émotion et votre anxiété. Je vous le répète : toute votre vie, tout votre avenir dépendent de cette nuit ; connaissant mieux que vous l'influence terrible qu'elle aura, je comprends vos hésitations et vos appréhensions. Sans le savoir et sans qu'il me soit permis de vous donner une explication plus claire, vous allez jouer une partie formidable, dans laquelle vous vous trouvez engagée depuis le jour de votre naissance.

— Oh ! mon Dieu ! que m'apprenez-vous là ! N'ai-je pas eu une existence assez misérable jusqu'à ce jour ?... Me faudra-t-il plus tard regretter ce passé qui m'a paru si rude ?

— Je ne dis par cela, mademoiselle, mais je suis chargé de vous préparer aux situations violentes dans lesquelles vous mettrez le pied cette nuit. Ne redoutez pas cependant la première rencontre que vous allez faire ! Attendez-vous à une joie suprême, à une de ces joies qui épanouissent.

— Une joie ?... laquelle ?

— Dans peu d'instants, vous ne m'interrogerez plus. Soyez forte ; réunissez toute votre énergie et préparez-vous à me dire : Olivier, merci ; je vous dois l'heure la plus douce de ma vie !

Il y eut un court silence.

Les deux jeunes gens, immobiles en face l'un de l'autre, se considéraient avec une expression intraduisible, expression de pitié sympathique de la part d'Olivier, d'espérance et de crainte de la part de la jeune fille.

Peu à peu, le calme se fit dans l'âme de cette dernière, et d'une voix ferme :

— Monsieur Olivier, lui dit-elle, jusqu'à présent je vous ai trouvé bon, dévoué, sincère, partons ! Où vous me menerez, j'irai. Partons ; j'ai foi en vous.

— Venez.

Et Olivier l'entraîna en murmurant à part lui :

— Pauvre et belle enfant !... Ah ! duchesse ! duchesse !... vous ne briserez pas celle-là comme vous avez brisé les autres... J'ai obéi pour les autres... Mais foi de... foi de gentilhomme ! pour celle-ci, je ne vous obéirai pas. Je crois même que, s'il le faut je mettrai des bâtons dans vos roues.

Et tous deux, l'un soutenant l'autre, descendirent lentement la rue, côte à côte, sans prononcer une parole, sans même se regarder.

Pour la première fois, ce jeune homme se sentit ému près de cette jeune fille, que peut-être, à son insu et contre son gré, il poussait vers un abîme.

Il rougissait du rôle qu'il venait de jouer, sans se rendre compte si ce rôle était celui d'un bon ou d'un mauvais ange.

Arrivé au coin de la rue Poliveau, Olivier fit arrêter la jeune fille et, lui montrant la voiture :

— C'est là ! fit-il ; soyez courageuse.

Thérèse avança sans répondre.

— Montez, mon enfant, dit une voix calme et douce, une voix de femme.

Thérèse entra dans la voiture.

— Madame, s'écria alors Olivier s'adressant à une dame d'un certain âge dont les traits, encore très-beaux, exprimaient une bienveillance pleine de charme; madame, je vous amène ma sœur.

— Venez, ma fille, dit la dame en ouvrant ses bras à la pauvre enfant, qui, à ces mots inattendus à ce choc violent, perdit connaissance et n'entendit même pas Olivier qui ajoutait d'un ton de doux reproche :

— Vous ai-je menti, Thérèse ?

Sans qu'il fût besoin de faire un signe au cocher, sans qu'on lui eût donné d'ordre ni d'adresse, celui-ci enveloppa ses chevaux d'un coup de fouet qui les fit partir ventre à terre.

Au moment où la voiture disparaissait à l'angle de la rue Poliveau et du boulevard de l'Hôpital, un petit judas, qui surmontait l'enseigne de la mère Machuré, s'entr'ouvrit, et la vieille mégère, s'efforçant d'allonger un cou qui ne ressemblait pas à celui du héron de la fable, la suivit des yeux en ricanant à travers son disgracieux sourire :

— Ah! ben! c'est du propre! voilà qu'est gentil! Et qu'est-ce qu'il va dire de ça, l'autre?

III

Reproduction d'un tableau de Gérôme.

Le passage de l'Opéra, quoique situé au centre d'un des quartiers les plus vivants de Paris, est, sous certains rapports, le passage le moins gai, le moins animé que nous ayons.

A quoi cela tient-il ?

Nul ne saurait le dire.

Par ses deux galeries, aboutissant au boulevard des Italiens, par ses galeries souterraines, donnant rue Drouot, rue Rossini et rue Le Peletier, il offre cinq débouchés aux gens pressés.

Pourquoi ces gens d'affaires, boursiers, industriels, clercs d'huissier, ou saute-ruisseaux de notaire, préfèrent-ils le tourner comme un cap dangereux et prendre les rues voisines, plutôt que de s'engager dans ses galeries à l'aspect morne et sombre, à l'atmosphère humidifiée ?

Tout simplement, peut-être, parce que ces galeries sont mornes, sombres et humides.

Il en est une pourtant, surnommée l'*Allée des Soupirs*, qui, de sept heures du soir à une heure du matin, ne manque pas d'une certaine animation les soirs d'Opéra.

C'est dans cette allée, au milieu, que se trouve l'entrée des artistes et que, chaque lundi, mercredi et vendredi, défilent une ribambelle de jeunes et vieilles danseuses, plus ou moins crottées, plus ou moins accompagnées d'une mère ou d'une tante en cabas ou en accroche-cœurs, et une kyrielle de figurantes, marcheuses, chanteuses, toutes gaies et enclines aux joyeux propos.

Il y a des exceptions, nous objectera-t-on. Tant mieux pour les exceptions.

Pour en revenir à notre point de départ, sauf ce petit coin, oasis dans le désert, le passage de l'Opéra n'aurait jamais pu passer pour une succursale du théâtre du Palais-Royal.

Une époque dans l'année se rencontre, néanmoins, où ce malheureux et lugubre passage renaît au bonheur, aux éclats de rire et à une circulation si tumultueuse que par moments elle devient impossible.

Cette époque, vous l'avez deviné, est celle du carnaval.

Chaque samedi soir, un peu avant minuit, des ifs resplendissants de lumière appellent les passants, bourgeois, nobles ou manants, qui n'ont pas eu la prudence de regagner leurs paisibles domiciles ; et, naturellement, bourgeois, nobles et manants, en honnêtes passants, veulent passer par ce passage où la foule empêche de passer.

Nous sommes tous ainsi faits ! Pourquoi ne nous moquerions-nous pas un peu les uns des autres ?

En somme, à minuit sonnant, quelques masques honteux arrivent, se faufilent et cherchent à gagner l'entrée du bal sans qu'il survienne d'accident, l'un a son plumet gigantesque, l'autre a ses brodequins à la poulaine. Celui-ci, vêtu en mousquetaire Louis XIII, tâche de garantir une épée en bois à fourreau de cuir mal graissé ; celui-là tremble pour la jarretière d'un innocent bébé qui fait son premier pas dans le monde. La foule s'attendait à être intriguée, bousculée, disons le mot, *engueulée* par eux... Hélas ! ils sont en caoutchouc ; c'est elle qui se voit obligée de les tirailler, de les houspiller, de les *engueuler*, redisons le mot, puisque lui seul est de circonstance.

Ceux-là sont passés. Qu'ils ne reviennent plus, c'est tout ce qu'on leur demande. Si ces malheureux-là se sont grisés avant de se mettre en route, ils ont eu soin d'entourer leurs flacons de crêpes de deuil.

A d'autres ! à d'autres !

— Ohé! les chicards! les flambards! par ici! La toile ou mes quat' sous! — « Ohé! les petits agneaux! qu'est-ce qui casse les verres! » — Monsieur se mouche! — Zut en musique! — Ohé! les pierrots! les polichinelles! les paillasses et les débardeurs! Par ici! par ici! — Va donc! Viens donc dans la rue Basse! — Oh! c'te balle! Bonjour, madame. — Lâche mon nez! — Cipal, on me pince! — Tiens, des double-six! — Je pose cinq et je retiens un! — Ohé! les titis! les pierrettes! les rosières! les bacchantes!

Les entendez-vous? Les avez-vous entendus? Non! eh bien! allez-y le premier soir de bal masqué, et vous les entendrez.

Si les chanteurs changent, les chansons sont toujours les mêmes.

Ceux-là représentent la gaieté française! Mortdiable! laissez-les passer. Leurs lazzis marqués au coin de l'esprit le plus fin se croisent dans l'air. Ce n'est qu'un feu roulant de rires avinés, de chants obscènes, de cris d'animaux; puis, désireux de joindre le geste à la parole, ceux-là que vous attendiez et que vous admirez, bons passants, bourgeois honnêtes que vous êtes, ceux-là vous écrasent les pieds, vous introduisent délicatement les coudes dans les hanches, vous lancent en plein visage un hoquet parfumé de vin bleu et vous bousculent férocement.

Que si vous vous fâchez on se moque de vous.

« Fallait pas qu'y aille ! »

Car telle est l'habitude du peuple le plus spirituel de la terre, ainsi que lui-même se qualifie modestement, il unit la raillerie de mauvais goût à la brutalité stupide, blaguant les hommes, insultant les femmes, et s'asseyant sur les enfants.

Ah çà ! qui donc prétendait que le passage de l'Opéra est un lieu triste et d'un aspect funèbre ?

Voilà des gars qui sèment de la gaieté, de la meilleure, pour toute une année, y compris les six semaines de carême.

Enfin, le théâtre ouvre ses portes !

Les masques, les pékins en tenue de bal, les dominos de toutes couleurs se sont engouffrés dans l'immense *vomitorium ;* la foule des badauds diminue, s'écoule, disparaît et le passage redevient désert et silencieux.

Seuls quelques pâles voyous le traversent de temps à autre pour vendre du feu à un noctambule attardé ; et quatre ou cinq décrotteurs faméliques attendent à l'entrée, l'arme, c'est-à-dire la brosse au bras, une victime à la chaussure maculée, qui ne se presse pas d'arriver.

Or, la nuit dont nous parlons, la nuit du samedi au dimanche gras, une heure après l'ouverture du bal, deux groupes composés, l'un de trois dominos noirs de tournure masculine, l'autre de trois hommes en costume de ville, quittaient le bal dans lequel ils étaient entrés depuis peu d'instants.

Ils tournèrent à gauche, traversèrent la galerie du Baromètre, alors presque déserte, et débouchèrent sur le boulevard.

Là, d'un commun accord, ils s'arrêtèrent silencieux, et les habits noirs à une certaine distance des dominos. Ces derniers portaient des masques, mais les éclairs menaçants de leurs yeux faisaient bien le pendant du frémissement qui agitait les lèvres d'un de leurs antagonistes.

Nous disons antagonistes, car, sans l'ombre d'un doute, ces six personnages ne se trouvaient là, attendants et anxieux, ni pour se rendre à un joyeux souper, ni pour y chercher les éléments d'une orgie nocturne.

Du reste, autant qu'on en pouvait juger par leur tenue et par leurs manières, ils semblaient tous appartenir au meilleur monde.

Quelques minutes s'écoulèrent, pendant lesquelles aucune parole ne fut échangée entre eux.

Enfin, celui des habits noirs qui témoignait le plus d'impatience, n'y tenant plus, s'adressa à l'un de ses amis et lui dit d'une voix qu'il ne prit même pas la peine d'amortir :

— Ce monsieur nous fait bien attendre : il ne reviendra pas. Nous en aurions eu plutôt fini en prenant des fiacres et en passant chez toi, Rioban ; tu as tous les outils nécessaires.

Rioban allait repondre, mais un des dominos, se

détachant de son groupe et s'adressant à celui qui venait de parler :

— Vous vous trompez, monsieur, dit-il, notre ami ne tardera pas. Et quant aux armes, soyez tranquille, vous trouverez là-bas toutes celles qui vous conviendront.

— Le voici ! s'écria un second domino, désignant deux voitures de remise qui au même instant s'arrêtaient en face d'eux.

Un quatrième domino noir, assis auprès du cocher de la première voiture, descendit vivement, ouvrit la portière et offrit aux trois habits noirs de monter.

Il y eut un moment d'hésitation.

— Nous vous suivons, messieurs, fit en souriant l'un des hommes masqués.

On monta.

Les deux voitures se suivant de près roulèrent rapidement dans la direction de l'église de la Madeleine.

Au bout de vingt minutes de marche on s'arrêta.

Ils descendirent tous, moins le dernier venu, qui se contenta de remettre à l'un des siens une boîte à pistolets et deux paires d'épées contenues dans un large fourreau de serge verte.

— Je reste, murmura-t-il à l'oreille du domino auquel il remettait ces armes ; si les quatre premiers sont touchés, le cinquième viendra me chercher.

— C'est convenu, mais espérons qu'on n'aura pas besoin de toi, lui répondit l'autre avec un demi-sourire.

— On ne sait pas, tenez-vous bien... le bandit a un poignet de fer, et il tire comme un maître. Bonne chance !

Les deux voitures s'étaient arrêtées au milieu d'un terrain vague encombré de pierres, de moëllons, de solives et d'outils de toutes sortes, dans le quartier Beaujon, que l'on commençait alors à construire.

— Ici, nul ne nous troublera, fit le premier domino.

— C'est tout ce que je demande, répondit celui des habits noirs qui semblait le plus intéressé dans cette affaire.

Les six hommes s'enfoncèrent dans le dédale d'un hôtel en construction. Le dernier d'entre eux replaça derrière lui une planche que le premier avait enlevée pour pénétrer dans les décombres.

On fit halte dans une cour d'une dizaine de mètres de largeur, à peu près débarrassée de gravois et de pierres.

— Les armes ? dit l'un des dominos.

— Elles sont là. Le choix en appartient à monsieur, répondit un autre qui les portait.

— Pardon, messieurs, fit celui à qui l'on parlait, pardon ! Avant tout, désirant que les choses se fassent proprement, sinon en règle, permettez-moi de vous présenter mes témoins : M. le vicomte de Rioban et M. le baron d'Entragues.

— Nous connaissons ces messieurs, Monsieur de Mauclerc.

— Ah! il paraît que vous me connaissez aussi moi-même, fit de Mauclerc; c'est à merveille. Maintenant, je l'espère, vous voudrez bien, pour que la partie soit égale, me faire savoir à qui j'ai affaire, d'abord comme adversaire, ensuite à qui ces messieurs auront à parler en qualité de témoins.

— A quoi bon tout cela? répondit le premier domino; l'un de nous vous a insulté, l'un de nous vous rendra raison. Désignez celui qu'il vous conviendra de prendre à partie, et soyez sûr qu'on fera droit à votre demande.

— Charmant! s'écria Mauclerc en riant du bout des lèvres. Un de ces messieurs me fait un de ces outrages qu'on ne pardonne pas...

— Dites le mot, monsieur, vous avez été souffleté.

— Parfaitement, dit Mauclerc, qui, sur le terrain, avait retrouvé son sang-froid de duelliste consommé. Parfaitement, et soyez tranquille, dans cinq minutes je laverai ma joue dans le sang du fou qui me l'a salie. Je ne vous demande même pas le motif de cette attaque. Mais je ne veux pas tuer Pierre, si c'est Paul qui est le fou en question. Voyons, messieurs, lequel de vous est le Paul demandé?

— A la bonne heure ! fit une voix amère ; on voit que le déshonneur est une vieille connaissance pour M. de Mauclerc. Il rit sur les ruines de son honneur.

— Finissons-en. Lequel de vous est l'insulteur ? Lequel ?

— Choisissez.

— Est-ce votre dernier mot ?

— Notre dernier.

— Alors, messieurs, j'en passerai par où vous voulez. Je ne comptais tuer que l'un de vous ; je vous tuerai tous les trois, voilà tout.

— Est-ce moi que vous prenez pour votre premier adversaire ? fit le premier domino.

— Vous ? soit ! Seulement, comme je veux que la chance soit égale, vous m'avez reproché le soufflet que j'ai reçu, mon bon ami, tenez, voilà qui nous met au même niveau.

Et en moins de temps qu'il ne nous en a fallu pour écrire ce peu de mots, Mauclerc se précipita sur son interlocuteur, lui arracha son masque, et le frapppa de son gant au visage.

L'autre ne poussa pas un cri, ne dit pas un mot, mais, sautant sur une épée, il se trouva en garde, avant même que Mauclerc eût pu prononcer son nom :

— René de Luz !

— Moi-même ! En garde ! Et vous, messieurs, à bas les masques ! Il convient que M. de Mauclerc sache maintenant en face de qui il se trouve. Bas le masque, Mortimer ! bas le masque, San-Lucar ! — Êtes-vous content, monsieur ? ajouta-t-il en couvant Mauclerc d'un regard de feu, et sommes-nous dignes de croiser le fer avec un misérable, un traître et un vendu comme vous ?

— Mortimer ! San-Lucar ! de Luz !... On sait tout ! pensa de Mauclerc, qui par contenance faisait plier son épée, dont il avait piqué la pointe en terre.

— Exigez-vous d'autres explications ? dit René de Luz, qui n'avait même pas l'air de se souvenir de l'outrage qu'il venait de subir, tant cet outrage partait de bas.

— Non, je suis à vos ordres.

— Messieurs, faites votre office, dit René de Luz aux témoins.

— Pardon ! repartit le baron d'Entragues., avant d'aller plus loin il faut bien poser ceci : c'est que si M. de Mauclerc, qui est renommé la plus fine lame de Paris, met hors de combat ces trois messieurs, il lui faudra également nous passer sur le corps, à Rioban et à moi pour se tirer tout à fait d'embarras.

— Que voulez-vous dire ? s'écria Mauclerc en faisant trois pas en arrière.

— Nous voulons dire ceci, répondirent en même temps de Rioban et d'Entragues.

Et tous deux ensemble s'avancèrent vers Mauclerc, et tous deux, l'un après l'autre, lui murmurèrent à l'oreille quelques mots qui lui firent pousser un cri étouffé.

— Eux aussi ! murmura-t-il, eux aussi ! je suis perdu.

Instinctivement, il jeta les yeux autour de lui comme pour trouver un refuge, un secours, une éclaircie par où fuir. Mais rien ! Ces cinq hommes, dont l'un venait d'être mortellement insulté par lui, se tenaient devant lui, derrière lui et autour de lui, impassibles comme la Justice, terribles comme la Vengeance, inexorables comme la Destinée.

Mauclerc eut peur.

Mais cette peur ne dura qu'un éclair. Presque aussitôt il redevint maître de lui-même, et, serrant les dents, il laissa échapper ces mots que René de Luz seul entendit :

— Tas d'imbéciles ! Ils pouvaient m'assassiner et ils font les généreux ! Tas d'imbéciles !

— Nous tuons, mais nous n'assassinons pas, monsieur, lui répondit de Luz avec mépris. C'est moi qui ai demandé qu'on vous fît l'honneur de croiser le fer avec vous. Nous étions en droit de vous assommer comme un chien enragé au coin d'une borne. Cette justice sommaire n'est pas dans les usages de notre patrie. Vous avez manqué à tous vos serments, vous alliez vendre vos frères !...

— Ce n'est pas vrai.

— Vous deviez les vendre demain. Vous aviez sur vous la liste de la délation, Ne niez pas, vous l'avez sur vous... là, tenez... là.

Et, du bout de son épée, le jeune homme désigna la poche de gauche de l'habit de Mauclerc.

— Vous mentez ! vous mentez !

— C'est ce que nous allons voir.

Et René de Luz, qui avait eu le temps de se débarrasser de son domino, tomba en garde, la main haute, la pointe au corps et son œil dans l'œil de son adversaire.

Mais, nous l'avons dit plus haut, Mauclerc était un maître en fait d'armes.

Son premier soin fut de rompre. Puis, se recueillant, se ramassant bien sous son épée, il attendit, n'offrant à son adversaire qu'une série de contres, faits avec une rapidité prestigieuse.

René de Luz ne bougeait pas d'une semelle. Cherchant un jour, il se contenta deux ou trois fois d'allonger le bras, de faire deux ou trois feintes de coup droit qui, toutes, rencontrèrent la parade de Mauclerc.

Chaque fois Mauclerc riposta. La première, il effleura René de Luz au visage ; la seconde, il le toucha à l'épaule gauche ; la troisième, à la main droite.

Les quatre témoins ne laissèrent échapper ni un cri, ni un souffle, quelle que fût leur anxiété.

C'était bien un combat mortel. Toute blessure non mortelle ne devait pas arrêter le combat.

René de Luz avait passé son épée de la main droite à la main gauche.

Son sang coulait par trois égratignures, mais sa volonté et la confiance en son droit le soutenaient.

Enfin, il parvint à saisir le fer de Mauclerc.

— Alors, se fendant à fond, il tira en pleine poitrine après un battement de précaution.

Une retraite de corps, de gauche à droite, fit dévier son épée, qui fila entre le bras gauche et le flanc de Mauclerc.

Alors il se passa quelque chose d'atroce.

Mauclerc, qui serrait l'arme de son adversaire de façon à paralyser toute attaque nouvelle, au lieu de rompre et de se mettre en garde, comme tout combattant loyal aurait fait, prit son temps, choisit bien sa place et plongea son épée jusqu'à la garde dans la poitrine du malheureux jeune homme.

— Lâche! aussi lâche que traître! murmura celui-ci en tombant, lâche!

— A un autre, fit Mauclerc, pendant que Mortimer et San-Lucar secouraient René de Luz.

Et il essuya tranquillement son épée dégouttante de sang, en l'enfonçant dans la terre humide

D'Entragues prit l'arme qui venait d'échapper à la main défaillante du blessé.

— Ce sera moi, si vous voulez?

— Vous, mon témoin? ricana l'autre. Soit.

Venez, que je vous paye la peine que vous avez prise de venir jusqu'ici.

Cette fois, les fers se croisèrent jusqu'à la garde; les deux tireurs firent en même temps un pas de retraite, puis, revenant l'un sur l'autre, ils s'attaquèrent avec fureur.

Mauclerc sentit qu'il avait trouvé un adversaire redoutable.

Il redoubla de soin, de force et de vitesse.

Mais, comprenant que le baron venait d'étudier son jeu, il en changea, et prit une garde en tierce, usitée surtout par les duellistes italiens ou espagnols.

C'était un étrange et sinistre spectacle que celui de ces deux hommes aux traits pâlis par la colère et la haine, qui se tâtaient, s'épiaient froidement, pliés sur leurs jarrets, prêts à s'élancer l'un sur l'autre, à s'entre-déchirer comme deux tigres.

A leur droite, un groupe composé des deux dominos, qui soignaient et soutenaient un blessé, un mourant peut-être...

A leur gauche, un jeune homme, le vicomte de Rioban, le cigare aux lèvres, attendant que son tour vînt.

Et au-dessus de leur tête, la lune blafarde, cette vieille curieuse, éclairant de ses rayons argentés ces monceaux de pierres, tristes comme des ruines centenaires.

Un silence de mort planait sur toutes ces têtes.

On n'entendait d'autre bruit que le froissement de l'acier contre l'acier et les appels de pied des combattants.

Les épées sifflaient comme des serpents, dégagements, coups droits, battements, coupés, toutes les finesses, toutes les ressources de l'escrime étaient mises en pratique par ces deux hommes, qui semblaient avoir eu le même maître.

Mauclerc, plus grand, plus robuste, sentant qu'il fallait en finir avec ce second adversaire, et en finir promptement, s'il ne voulait pas donner la partie trop belle à celui qui lui succéderait, se décida à mettre à profit sa taille et sa vigueur.

D'Entragues, qui lisait dans son regard, s'arrêta, l'épée haute et prête à riposter, sur une parade de seconde.

Mauclerc se fendit, rapide comme la foudre.

— Il va parer seconde ; je remise et je le tue, murmura-t-il à part lui.

Un fin sourire se jouait sur la lèvre du baron d'Entragues. Il para bien seconde, comme l'autre l'avait espéré ; mais, au lieu d'une parade simple, il en fit une double.

Mauclerc, toujours fendu, essaya en vain de remiser son coup, et pendant qu'il cherchait à se relever, à reprendre son équilibre et à rompre, son ennemi lui allongea un coup droit en plein corps.

— Ah ! la liste !... la liste !.. put à peine articuler le misérable.

Et il s'affaissa sur le sol, où il demeura immobile.

L'épée vengeresse de d'Entragues avait traversé ce papier qui devait envoyer *ses frères*, ainsi que l'avait dit René de Luz, à l'échafaud ou tout au moins dans un exil perpétuel.

— Est-il mort? demanda Rioban.

— S'il en revenait, ce serait triste, répondit d'Entragues, qui, se penchant sur le corps de Mauclerc, s'empara d'une enveloppe sanglante et contenant la preuve de son infamie et de sa trahison.

— Laissons-nous le corps ici? fit San-Lucar.

— Non, repartit Mortimer, accomplissons nos ordres jusqu'au bout.

— Soit.

Au moment où deux d'entre eux se baissaient pour prendre le corps et le porter jusqu'à l'une des voitures, une voix à peine distincte murmura ce mot :

— Attendez!

Les quatre témoins des deux scènes précédentes se retournèrent stupéfaits, et ils assistèrent au spectacle horrible, mais vrai, que nous allons décrire :

René de Luz, le blessé, l'agonisant, profitant de la liberté que lui laissaient ses amis, dont toute l'attention s'était reportée sur les derniers moments de Mauclerc, René de Luz, se traînant jusqu'au corps de celui-ci, lui prit la tête d'une main, tout en se soutenant lui-même de l'autre, et, approchant sa bouche de l'oreille du vaincu :

— Tu devais laver ta joue dans le sang de l'homme qui t'avait frappé au visage, Mauclerc : cet homme, c'était moi. Tu ne l'as pas fait. Tu as menti en cela, comme dans tout le reste. Mais tu m'as souffleté, et ce que tu as dit, je le ferai.

Et sur ce, René de Luz trempant sa main dans le sang de Mauclerc, se lava la joue souffletée, et cette joue toute rouge et ruisselante, par un suprême effort il se dressa debout, seul, sans secours, et d'une voix fière et vibrante :

— Mes amis, cria-t-il, croyez-vous que mon honneur me soit rendu?

Et il tomba de toute sa hauteur sur la terre humide et sanglante.

Quels sont ces hommes? Vers quel but inconnu marchent-ils? Nous le saurons dans le courant de cette longue histoire. Mais, à coup sûr, le but ne peut être que grand et terrible. Ces hommes vont droit devant eux, broyant tout sur leur passage, jouant avec la mort, qui seule peut les arrêter en chemin.

Quelques minutes plus tard, une des voitures emportait René de Luz dans les bras de ses amis en deuil.

L'autre contenait, avec le corps de Mauclerc, roulé dans une couverture de cheval, deux hommes masqués.

Après un quart d'heure de marche, ce dernier véhicule atteignit le pont d'Iéna. Là, s'arrêtant au milieu du pont, le cocher cria :

— Il n'y a personne.

Les deux hommes masqués descendirent, prirent le vaincu, le portèrent sur le parapet et le lancèrent dans la rivière, qui l'engloutit avec un bruit sinistre. Puis ils remontèrent dans la voiture, qui partit au grand trot, se dirigeant vers l'endroit où elle les avait pris, à l'entrée du passage de l'Opéra.

MM. d'Entragues et de Rioban attendaient les deux dominos.

Deux heures sonnaient quand les quatre personnages qui venaient d'assister aux terribles scènes que nous avons racontées, rentrèrent calmes et souriants dans le bal, où les appelait un motif assez puissant pour leur faire déserter le chevet de René de Luz, laissé entre les mains de nos meilleurs médecins.

Ils arrivèrent juste au moment où, après un galop infernal, les joyeux masques, titis, chicards, débardeurs, sauvages, etc..., portaient en triomphe le héros de leur orchestre, Musard, le vrai, le seul Musard, — Musard, premier du nom!

IV

Où il est démontré que le carnaval n'est pas gai pour tout le monde.

On vient de le voir, tout Paris est en fête.

Plus que tous les autres, le quartier des Écoles prend sa part de la joie commune.

Les cabarets chantent, aux angles des rues de la Cité, de la Harpe et Saint-Jacques.

Sur les boulevards extérieurs, les bals publics éparpillent dans l'air les notes apocryphes de leur musique d'aveugle appelant, à grand renfort d'harmonie imitative, les danseurs qui se hâtent d'accourir, déjà plus que raisonnablement ivres.

Là, c'est la jeunesse qui jette sa gourme, ce sont les fils de bons provinciaux qui se saignent aux quatre veines pour leur faire apprendre le droit ou la médecine.

Vous voyez ce sauvage aux plumes de coq et au nez carabiné, un jour ce sera l'aigle du barreau parisien, peut-être même un des foudres de l'opposition à notre tribune politique ! Ce Soulouque à jupe de danseuse, dont les épaulettes sont faites avec des carottes et des navets artistement collés les uns aux autres, ne vous y trompez pas, dans vingt ans vous lui confierez la vie de votre femme, de vos enfants !

Ils en ont pour quatre ou cinq ans de cette vie fiévreuse et dégingandée.

Puis viendra l'heure des lunettes et des favoris côtelettes. Adieu barbiches brunes et blondes, moustaches aux crocs retroussés par derrière l'oreille, chevelures incultes et flottant au gré de l'amour ! Adieu le printemps, l'espérance et la gaieté, voici venir vers eux le monde qui leur dit, le menton enfoncé dans sa cravate : *Sat prata biberunt...* Assez de folie, mes bons amis ; plus de rires, plus d'illusions ! C'est l'heure de la réalité, de l'ambition, de la cupidité. Oubliez que vous avez un cœur ; gagnez de l'argent ! Brisez ces chaînes qui vous faisaient la vie si douce et si fleurie ; il vous faut des rubans de toutes couleurs à vos boutonnières. Oubliez le passé avec ses lumières et ses refrains de tendresse ; il s'agit d'arriver, de grimper sur le dos de vos aînés et de vos devanciers. Plus d'amis, plus de maîtresses ! Vous êtes des hommes ; travaillez, réussissez ! Sinon, mieux vaudrait pour vous ne jamais avoir vu le jour.

Au moins ceux-là s'amusent pour s'amuser.

Ils ne descendent pas des hauteurs de Montmartre et de Batignolles, dans un costume qu'ils doivent à une entreprise de gaieté publique, garçons bouchers donnant le bras à des balayeuses, pour gagner trois francs et quelques centimes au bout d'une nuit de quadrilles de commande.

Ils ne prennent pas des noms comme la Bretonne, Baudruche, le Capricorne ou le Saut-de-Lapin, et ne se font pas offrir cinquante ou soixante francs par des libertins blasés et avachis de débauche, pour danser sous leur loge d'avant-scène le pas de la grenouille en gésine.

Ils y vont bon jeu, bon argent.

Ils n'ont rien de répugnant, et si parfois ils descendent au niveau des brutes que nous venons de citer, ils en rougissent le lendemain et se jurent bien de ne pas recommencer.

Quelques-uns de ces étudiants plus riches ou mieux accouplés que leurs amis et camarades, dédaignant la Chaumière, le Prado et autres bals du quartier, désertaient la rive gauche et, traversant les ponts, se rendaient, cette nuit-là, soit à l'Opéra, soit à Valentino.

Abandonnons-les quelques instants, nous les retrouverons tout à l'heure.

Au coin de la rue des Saints-Pères et de la rue de Lille, sous une porte cochère donnant en face d'un de ces restaurants à bon marché, que les étudiants surnomment des *Rôtisseuses*, une pauvre femme, aux traits fins et distingués mais que la misère, le désespoir ou peut-être la débauche, avaient marquée de leur ineffaçable stigmate, se tenait accroupie dans l'ombre, un enfant de quatre ou cinq ans dans les bras.

L'enfant, un petit garçon, une tête d'ange bouffi, grelottait dans les haillons sordides, misérables, mais propres dont il était enveloppé.

La mère, jeune, quoique de prime abord il eût été impossible de lui assigner un âge déterminé, la mère, vêtue d'une vieille robe de soie noire, trouée, reprisée, en loques, dernier vestige d'un luxe effacé, la tête entortillée dans un mouchoir formant capuchon, pleurait à chaudes larmes tout en essayant de réchauffer la pauvre petite créature, qui d'instant en instant murmurait d'une voix faible et convulsive :

— Maman, j'ai froid !

— Mon Dieu ! mon Dieu ! sanglotait la misérable, et ne rien pouvoir ! et ne plus rien avoir ! plus rien ! Et tout ce monde qui soupe, qui chante, rit et s'enivre ! Ils vont me laisser mourir là, sans pitié, sans secours ! Oh ! mon enfant ! mon cher enfant ! si tu pouvais dormir !...

Et, embrassant son fils avec frénésie, avec des tressaillements nerveux, elle se mit à le bercer, à le dodeliner, pour essayer de l'endormir, lui et ses souffrances, qui lui faisaient oublier ses propres souffrances, à elle.

— Oh! maman! j'ai bien froid! bien froid!

Elle ôta le foulard qui lui garantissait la tête et elle l'en enveloppa, laissant retomber sa chevelure en désordre le long de ses épaules, sans y prendre garde.

— Chassés! Plus d'asile! plus de pain! Oh! ville sans entrailles! Il est donc vrai que tu dévores tes enfants! J'ai été belle, heureuse! moi aussi, tout m'a souri. Depuis que Dieu m'a donné cet ange, il m'a repris le bonheur. Voilà vingt heures que je n'ai rien mangé... Oui, mais lui, mon trésor chéri, il ne souffre pas, je lui ai donné mon dernier morceau de pain. Si je pouvais l'endormir!...

Et elle le berçait toujours!

Mais comme si toutes ses paroles, tous ses désirs dussent se tourner contre elle, l'enfant, qui commençait à fermer les yeux, les rouvrit, et, lui passant ses petits bras autour du cou, l'embrassa et lui dit tout doucement :

— Maman, j'ai faim! Est-ce que nous n'allons pas bientôt manger ?

— Manger!

La malheureuse se mit à frissonner; des hoquets convulsifs soulevaient sa poitrine, elle jetait autour d'elle des regards qui ne voyaient plus rien; les larmes s'arrêtèrent dans ses yeux égarés et brûlés par la fièvre.

A ce moment, du premier étage du restaurant voisin, des chants bachiques s'élancèrent et arrivèrent jusqu'à elle.

C'était :

> Messieurs les étudiants
> S'en vont à la Chaumière,
> Pour danser le cancan
> Et la Robert Macaire;

Ou :

> Le père Adam, trois jours avant sa faute, etc. ;

Ou du Béranger. On en chantait encore en 1847, et les fourchettes frappaient les verres, les assiettes brisées sautaient par la fenêtre. Deux ou trois éclats de porcelaine vinrent rouler jusqu'aux pieds de la pauvre femme.

Elle jeta un regard avide sur ces débris, pour voir si par hasard elle n'aurait pas pu y rencontrer la pâture d'un chien ; mais les heureux et les gorgés de là-haut ne se doutaient point qu'à quelques pas à peine de leurs joyeusetés, succombant sous le froid et la faim, une mère se désespérait sur son enfant qui lui demandait du pain.

— Que faire ? Si je chantais aussi !... Ils m'entendraient ! ils me secourraient ! Oui, essayons.

Et elle commença d'une voix faible, mais encore

belle et habile dans l'art du chant, l'*Adieu,* de Schubert :

> Voici l'instant suprême,
> L'instant de nos adieux!
> O toi! seul bien que j'aime,
> Sans moi retourne aux cieux!
> La mort...

Ici la voix lui manqua.

Elle s'était levée, son fils toujours bercé par ses bras glacés ; elle retomba, chancelante, sans voix, sur la borne qui lui servait de siége, sans pouvoir répéter d'autre mot que :

— La Mort! la Mort!

Mais son but était atteint.

La fenêtre du restaurant venait de s'ouvrir et quatre ou cinq masques, des verres de champagne à la main, des cigares aux lèvres, le bras entourant la taille des grisettes, lorettes ou étudiantes qui leur donnaient la réplique, parurent, cherchant d'où pouvait venir cette réponse funèbre à leurs gais refrains.

Tout d'abord, ils ne virent rien, et l'un d'eux se mit à crier :

— La bonne farce! hé! là-bas! la Malibran, faites dételer, nous remplacerons les chevaux de votre carrosse!

La pauvre femme releva la tête, comme si elle

eût reçu subitement une commotion électrique, ses yeux lancèrent un regard de convoitise vers les bougies qu'on voyait au travers des vitres du cabinet où soupaient ces gens-là. Elle prêta l'oreille à cette raillerie, qui, pour elle, était une espérance.

— La charité, s'il vous plaît? fit-elle en baissant la tête.

La voix de la pauvre femme résonnait si faiblement, qu'elle se perdit au milieu des rires et des calembours.

— Tiens! qu'est-ce qui grouille sous la porte cochère d'en face? Regarde donc, Arthur.

— La Pomme, appelle-moi Jean, ou je ne te réponds plus, dit en titubant sur ses jambes un tout jeune étudiant de première année, qui cherchait à se faire passer pour un viveur, un cynique, un blasé, lui qui arrivait la veille de Bernay, avec deux malles pleines de linge, des illusions plein la tête, et des mains plus rouges que celles d'une Javotte de village.

La mère mit un baiser au front pâle de son enfant.

La Pomme mit un soufflet sur la joue de son cavalier, et lui riant au nez :

— Je ne connais que des Arthurs. Tu t'appelleras Arthur comme les autres. Voilà !

En ce moment ses regards tombèrent sur la mendiante, qui s'était avancée jusque sous la fenêtre, et qui tendait la main.

— La charité? J'ai faim, mon fils aussi!

— Oh! pauvre femme! s'écria la Pomme. Tiens! sans cœur d'Arthur, regarde, la voilà, ta Malibran! Vite la main à la poche.

— Ah! plus souvent! répondit celui-ci en se retirant de la fenêtre... On la connaît; c'est toujours la même chose! Voilà dix ans que cette coquine-là fait les mêmes grimaces! Tu ne vois donc pas qu'elle a bu? Elle ne peut même pas se tenir sur ses jambes.

Et le malheureux, qui était ivre, se laissa aller et retomba lourdement sur un canapé.

— Ivre, moi! pensa la pauvre femme.

Et, joignant les mains, elle tomba agenouillée sur le pavé.

— Allons, descendons, et plus vite que ça, fit la Pomme, une belle brune aux joues brillantes de santé. Ohé! les autres!... L'addition est payée, mais c'est égal, voilà mon bonnet de police qui servira d'aumônière. Allons-y gaiement!

Chacun des étudiants mit une pièce de monnaie dans le bonnet de titi que tendait la jeune fille. Arthur ou Jean lui-même fut obligé de s'exécuter.

— Maintenant, nos paletots, nos manteaux, et en route pour l'Opéra! Je me charge de faire accepter la chose par la pauvre femme.

On descendit, et le produit de la collecte, qui s'élevait à une trentaine de francs, fut déposé par la Pomme entre les mains de la mendiante.

— Voilà de quoi vous nourrir et vous couvrir cette nuit, la mère, vous et votre petiot.

— Merci ! oh ! merci ! sanglota la femme

— Ne nous remerciez pas... Ça commence bien notre nuit... nous sommes sûrs de nous amuser. Allons, Arthur, prends mon bras et marche droit.

Arthur obéit tout en murmurant :

— Sapristi ! qu'il fait froid ! On me fait marcher contre le vent. Je n'aime pas ça.

Les chansons et les cris recommencèrent.

La bande joyeuse s'éloigna sans faire plus attention à la mendiante ni à l'enfant, qu'elle s'était empressée de reprendre dans ses bras.

En ce moment, deux hommes qui avaient eu soin de laisser s'éloigner les étudiants masqués, s'approchèrent vivement de la mère et de l'enfant.

Puis, sur un signe du premier, le second, donnant une brusque secousse au bras de la malheureuse qui tenait l'aumône des jeunes gens, fit tomber à terre cinq ou six pièces d'argent, sur lesquelles il se précipita.

Après les avoir ramassées et mises dans sa poche, il prit la fuite à toutes jambes.

La femme, qui n'avait songé qu'à préserver son enfant de ce choc brutal, demeura un instant sans comprendre, puis elle s'arrêta froide, inerte, atterrée.

Le second inconnu l'examinait froidement.

— Monsieur ! monsieur ! s'écria-t-elle, on vole le pain, la vie de mon fils ! Au secours ! au secours !

L'homme ne bougea pas. Il n'eut même pas l'air de l'entendre.

Alors, se relevant, effarée, les yeux démesurément ouverts, agitée d'un tremblement irrésistible, elle poussa deux ou trois cris inarticulés semblables à des rugissements.

L'homme resta de pierre.

La pauvre femme vit qu'elle n'avait plus de pitié à attendre de personne, et serrant avec violence contre son sein son fils qui pleurait et criait :

— Maman, j'ai froid, j'ai faim ! elle bondit et s'élança en courant vers le quai voisin.

L'homme suivit.

N'écoutant ni les plaintes, ni les cris d'effroi de l'enfant, elle courait laissant échapper de ses lèvres crispées ces seuls mots, qu'elle avait essayé de chanter peu d'instants auparavant :

— La mort !... la mort !

Au loin, les pierrots, les sauvages et les débardeurs qui étaient venus à son secours traversaient en ce moment le pont des Arts en chantant.

Sans ralentir sa course affolée, la pauvre désespérée tourna le quai de gauche, s'engagea sur le pont du Carrousel, et arrivée au milieu à peu près, elle s'arrêta, puis se pencha sur le parapet.

Sous ses yeux, les eaux de la Seine déroulaient leur ruban blafard, large et moutonneux. Elles semblaient lui dire :

— Viens, nous te recevrons comme une amie,

tu te reposeras dans notre sein. Ici est le repos, ici la fin de tes douleurs. Viens !

Ses lèvres murmurèrent une dernière oraison, un muet adieu à la vie.

Puis, couvrant de baisers frénétiques les joues de son enfant, elle sanglota :

— Mon Dieu ! mourir à vingt-cinq ans ! Mon Dieu ! pardonnez-moi... mais j'aime mieux l'emmener avec moi ! La route serait trop rude pour lui ! je ne veux pas qu'il reste seul dans ce monde... D'ailleurs une bonne mère ne quitte pas son enfant !... Viens, mon fils, viens avec moi !

Elle fit le signe de la croix et monta sur le parapet.

Une main puissante la saisit par la ceinture et l'attira en arrière.

Elle retomba à genoux sur le pont.

— Vous ! s'écria-t-elle avec une indicible terreur, en reconnaissant l'homme qui avait fait signe de la voler. Vous !

— Mauvaise mère, lui répondit une voix ferme et imposante.

— Mauvaise mère !... moi !...

— Quel est donc le Dieu qui autorise une mère à tuer son enfant ?

— Oh ! mon fils ! mon cher fils !

Et elle éclata en sanglots, trop longtemps contenus.

— Pleurez ! reprit l'inconnu, pleurez et repentez-vous !

Elle releva la tête et le regardant fixement :

— Qui êtes-vous ? que me voulez-vous ?

— Je suis votre ami... je veux votre enfant.

— Mon enfant !... Ah ! cria-t-elle au comble de l'exaspération, tout à l'heure on m'a volé mon pain... maintenant on veut me voler mon enfant ! Oh ! non ! non !... Eh bien ! venez donc me le prendre...

Et l'infortunée, qui allait entraîner son fils dans la mort avec elle, se tordait d'épouvante en supposant qu'on pouvait le lui prendre.

— Pauvre folle ! fit l'inconnu, qui s'approcha d'elle.

— Ne me touchez pas, cria la mère épouvantée, j'appelle, je crie... On viendra... Vous ne me volerez pas mon chérubin, mon trésor, ma vie... à moi... On viendra... Il veut me... Ah ! le misérable ! A moi... à moi !...

Ce fut tout.

La fatigue, le besoin l'emportèrent ; elle se sentit défaillir et elle tomba.

L'étranger se précipita et soutint l'enfant, qu'en tombant, par un mouvement instinctif, elle levait en l'air pour le préserver de tout mal ; puis il se baissa, saisit la mère dans ses bras et reprit, suivi du fils, le chemin que la pauvre femme venait de franchir en courant.

Arrivé à la porte du restaurant, il sonna, on ouvrit.

Son premier soin fut de déposer la mère et l'enfant dans une chambre où des secours leur furent prodigués.

Ensuite il manda le maître de l'établissement, qui, après avoir écouté ce que l'étranger lui dit à voix basse, s'inclina respectueusement devant lui et se retira.

A ce moment, on frappa à la porte du salon où tout cela se passait.

Sur un mot, entra le second inconnu, qui avait volé l'aumône des étudiants.

— Tout est-il prêt, Karl ? demanda l'inconnu.
— Oui, répondit le nouveau venu. On n'attend plus que Votre Excellence, et les personnes qu'il lui plaira d'amener.

. . . .

Voilà, parmi beaucoup d'autres, tristes, joyeuses, dramatiques ou burlesques, les quatre principales scènes qui se passèrent à Paris, la nuit du samedi gras de l'an 1847, entre minuit et deux heures du matin, scènes qui auraient été vues par *le Rôdeur nocturne* dont nous avons parlé au commencement de cette histoire, si d'un observatoire élevé son œil eût plongé sur les rues si tranquilles en apparence de la capitale de la monarchie française.

FIN DU PROLOGUE.

LES INVISIBLES DE PARIS

LES COMPAGNONS DE LA LUNE

I

Ce qui se passait dans un cabinet particulier de la rôtisseuse Basset, dans la nuit du samedi au dimanche gras 1847.

D'après de Saint-Foix, ce fut en 1619, quatre ans après la mort de la reine de Navarre, première femme du roi Henri IV, qu'on vendit son palais et ses dépendances.

Sur les terrains occupés par un parc ombreux et vaste, par des jardins magnifiques, se bâtirent les premiers et les plus beaux hôtels du quai Malaquais.

On y traça, entre autres voies de communication, la rue Jacob, la rue des Saints-Pères et celle des Petits-Augustins.

Jusque-là le faubourg Saint-Germain, immense village placé au milieu d'une grande cité, ne possédait que des maisons séparées entre elles par des vignes, des champs, des prairies.

A peine quelques rues tortueuses, étroites, mal pavées le traversaient-elles.

Il n'en est plus ainsi à l'époque où se passe notre récit.

Le quai Malaquais, l'un des plus aristocratiques quartiers de Paris, brille par l'élégance et le grandiose de ses demeures. Parmi les hôtels princiers qu'on y admire, se trouve l'hôtel Mazarin, successivement habité par la princesse de Conti, les ducs de Créqui, de la Trémouille et de Lauzun.

Le temps l'a respecté et le marteau des niveleurs ne s'est pas encore donné le plaisir de l'abattre.

Bien que cet hôtel ait extérieurement subi quelques changements importants, bien que des magasins d'estampiers et des boutiques de libraires se soient ouverts à gauche et à droite de son entrée principale, à l'intérieur il est demeuré à peu de chose près tel que le duc de Mazarin, cet excentrique neveu du cardinal-ministre, l'avait fait disposer après en être devenu le possesseur.

Les révolutions et les faiseurs d'affaires ont respecté cette habitation princière, qui, en 1845, devint la propriété d'un noble étranger, le comte de Warrens (1).

---

(1) Hôtel démoli en l'année 1849, et sur le terrain duquel a été élevé le palais de l'École des Beaux-Arts.

Ce monsieur de Warrens, riche autant que noble, ayant pour le passé intelligent et artistique le respect et le culte de toutes les grandes âmes, conserva pieusement les traditions laissées par les précédents maîtres de cette demeure.

Il n'y faisait, à la vérité, que de courts séjours, de rares apparitions. Mais ses gens, et ils étaient nombreux, même en son absence, avaient l'ordre exprès de vivre comme si l'hôtel était toujours habité par lui, c'est-à-dire sobrement et dans le plus grand ordre.

Un intendant, aussi muet que son maître était grand seigneur, tenait la main à ce que toutes ses volontés fussent exécutées ponctuellement.

Une seule fois, en deux années, un valet de pied rentra à moitié ivre : le lendemain, on lui payait trois mois de gages, et il était impitoyablement chassé.

Les autres, au nombre de cinquante, tant cochers que chefs de cuisine, palefreniers, valets de tous services, trouvant la maison bonne, se le tinrent pour dit.

Attaché libre à l'ambassade d'une des nombreuses principautés de la Confédération germanique, le comte de Warrens paraissait avoir trente ans à peine.

D'une beauté presque féminine, d'une adresse merveilleuse à tous les exercices du corps et à toutes les armes, d'une élégance irréprochable, il s'était vu ouvrir les salons les plus difficiles dès le premier jour de son arrivée,

Chez Lepage et chez Devisme, on montrait ses cartons, et peu de tireurs les croyaient authentiques.

Un jour, il s'était amusé à piquer douze épingles autour de la mouche, et chacune de ses douze balles avait pris la place de chacune des épingles sans toucher l'épingle avoisinante.

Chez Bertrand, chez Pons, chez Grisier, on l'avait vu faire assaut avec les plus fines lames de ces trois salles; nul ne pouvait se vanter d'avoir effleuré son plastron.

Il est bien entendu que le vieux Bertrand, le roi des tireurs, Pons et Grisier ne s'étaient pas mis en ligne.

Nous ne tenons aucunement à attaquer la réputation de ces trois grands maîtres en fait d'armes.

L'existence du comte, touriste forcené, s'écoulait en voyages continuels dans toutes les contrées du globe. Il ne faisait, pour ainsi dire, que toucher barre en France. Plusieurs fois déjà on l'avait vu, après quatre ou cinq jours à peine passés dans son hôtel, disparaître des mois entiers sans que nul, excepté son intendant, sût où il fallait lui adresser les nombreuses lettres qui arrivaient chaque matin à son adresse.

Et cet intendant, s'il avait le don de la parole, avait encore mieux la faculté du silence.

Pour la première fois, depuis son entrée en possession, il y avait trois mois que ce gentilhomme mystérieux habitait son hôtel, et rien ne faisait prévoir qu'il eût l'intention de le quitter prochainement.

Arrivé à l'improviste, un soir du mois de décembre 1846, il s'était installé et mis à vivre chez lui comme s'il n'avait pas fait autre chose depuis dix ans, et sauf cinq ou six excursions dans diverses propriétés et différents châteaux dont son intendant venait de faire l'acquisition en son nom dans les environs, à Écouen, à Chantilly, à Louveciennes, et à Viry, il n'avait pas plus abandonné sa demeure du quai Malaquais qu'un bon habitant du quartier Saint-Denis ne quitte son vertueux domicile de la rue aux Ours.

Six boutiques, ayant toutes la même devanture et les mêmes ornementations, occupaient la façade de l'hôtel de Warrens. A droite, un marchand d'estampes, un bijoutier et un marchand de curiosités; à gauche, un libraire, un marchand de tableaux et un café.

Sur la rue Jacob, car ce dernier et magnifique spécimen des demeures de nos pères s'étendait jusque-là, l'hôtel n'avait pas de sortie, du moins de sortie apparente, pas plus que sur les faces latérales donnant rue des Petits-Augustins et rue des Saints-Pères,

De hautes maisons, dont les rez-de-chaussée étaient occupés par des commerçants de toutes sortes, tapissiers, marchands oiseleurs, fruitiers, boulangers, marchands de vin, restaurateurs, masquaient complétement les vastes jardins formant le derrière de l'hôtel et les enserraient d'un impénétrable rideau de pierres.

Toutes ces maisons dépendaient du bâtiment principal, et devaient donner entre quatre et cinq cent mille francs de revenu. Les diverses industries, agglomérées par le hasard dans ce milieu tranquille, prospéraient.

Tous, marchands et locataires, vivaient en parfaite intelligence. Jamais de querelles, jamais de procès. On eût dit qu'une police occulte avait la haute main sur ces existences, étrangères les unes aux autres, et pourtant se fondant si bien les unes dans les autres.

Les baux des appartements et des boutiques ou magasins avaient été faits par l'intendant du comte, et jusqu'à ce jour personne n'avait eu qu'à se louer de ce représentant silencieux, mais poli, honnête et loyal de M. de Warrens.

Si nous ne nous arrêtons pas un moment sur cette figure curieuse, c'est qu'elle reparaîtra souvent dans notre action, et que nous la dessinerons en temps et lieu.

Disons toutefois qu'elle répondait au nom de major Karl Schinner.

C'était dans le restaurant situé à l'angle de la rue des Saints-Pères et du quai Malaquais que l'inconnu avait transporté la femme et l'enfant arrachés par lui à une mort horrible.

Cet établissement bien connu alors sous le nom de *Rôtisseuse Basset*, fondé un peu après 1830 par un sieur Basset, qui, en peu d'années, avait eu l'esprit et le talent d'y faire fortune, avait conservé comme une garantie de succès le nom de son fondateur, tout en ayant changé déjà trois fois de propriétaire.

Cela se pratique ainsi dans la plupart des maisons en renom. Le vin change, mais l'enseigne reste la même, et les chalands, les clients s'y prennent, comme de juste.

Le propriétaire actuel de la maison Basset se nommait Grossel. Le nommé Grossel, gros homme d'une quarantaine d'années, à la mine béate, au regard sournois, toujours correctement vêtu de noir, actif, remuant, ne quittant jamais la serviette blanche, emblème de sa dignité, beau diseur, obséquieux, et par-dessus tout âpre au gain, représentait bien le type de l'homme parti de rien qui se croit sûr d'arriver à tout.

Et, au fait, pourquoi n'y serait-il pas arrivé?

Il savait lire couramment, compter toujours à son avantage ; il écrivait sans hésiter ces deux mots magiques : *Anselme Grossel*, qui valaient de l'or en barre, et croyez bien qu'il ne les plaçait au bas d'un papier, timbré ou non, qu'à bon escient.

La chronique, légèrement sévère, chacun le sait,

prétendait même qu'un jour, ou probablement un soir, il s'était laissé aller jusqu'à renier ce magique *Sésame! ouvre-toi* de sa caisse.

Mais grâce aux honnêtes conseils que lui donna l'intendant du comte de Warrens, il reconnut son erreur et sa signature. C'était la fleur des pois, parmi les braves gens, que ce M. Anselme Grossel.

Ancien garçon du *Café de Paris*, où il gagnait de trois cents à quatre cents francs par mois, il avait en peu de temps réalisé assez d'économies pour acheter le restaurant Basset au prix de cent cinquante mille francs. Soyons équitable ; il n'avait payé, à la vérité, que la moitié de la somme convenue, en signant le contrat de vente en l'étude de M° Dubuisson, notaire, place de la Bourse.

Où Grossel, sorti tout jeune des Enfants-Trouvés, avait-il découvert ces soixante-quinze mille francs ? Personne ne le sut, et sauf quelques bons petits camarades, jaloux de sa subite élévation, personne ne songea à s'en inquiéter. Peut-être M. Karl Schinner aurait-il pu renseigner les envieux et les jaloux,... mais c'était une affaire entre lui et Grossel, nous n'avons que faire d'y mettre le doigt.

M. Anselme Grossel, en personne, était venu recevoir l'inconnu à la porte de son établissement ; il s'était silencieusement incliné devant lui, et ce qui ne laissait pas que de mériter certains éloges et encouragements, il l'avait guidé, après lui avoir fait monter un escalier réservé, à travers un large corridor, sans questions, sans bavardage.

A droite et à gauche de ce corridor, une douzaine de cabinets particuliers laissaient échapper à travers leurs portes plus ou moins fermées et leurs cloisons plus ou moins épaisses, des éclats de rire, des chants qui n'étaient pas des chants d'églises et des propos rappelant ceux que nous avons légèrement esquissés dans nos chapitres précédents.

C'était un singulier voisinage pour une femme évanouie, pour un enfant à demi endormi par la fatigue, le froid et la faim. Mais leur sauveur ne semblait pas plus y faire attention qu'il ne se donnait la peine de répondre aux salamalecs de son guide.

Grossel introduisit ces trois nouveaux venus, l'un portant les autres, dans un petit salon retiré. Une table, un canapé, quelques chaises en formaient tout l'ameublement. En face d'une vaste cheminée où flambait un feu d'enfer, se trouvait une fenêtre donnant sur la rue des Saints-Pères ; cette fenêtre hermétiquement fermée avait, par surcroît de précaution contre le froid sans doute, de doubles rideaux en reps très-épais, qui la masquaient de bas en haut.

Une double portière aussi épaisse et de même étoffe que les rideaux de la fenêtre, empêchait tout son de venir du dehors une fois la porte fermée ; et il paraissait douteux que du corridor on pût entendre un seul mot de ce qui se disait dans le petit salon. Un épais tapis étouffait le bruit des pas. Ce sont de ces réduits que tout restaurant sachant se respecter doit avoir en nombre respectable.

Un homme d'un certain âge, au front large, au regard scrutateur, d'une mise sévère, une rosette d'officier de la Légion-d'honneur à la boutonnière, se tenait assis, les pieds sur les chenets, devant la cheminée.

Il lisait *le National*.

Le bruit que fit la porte en s'ouvrant, ou plutôt le vent qui s'engouffra dans l'entrebâillement, car la porte ne faisait aucun bruit, tira notre homme de sa lecture et de ses réflexions.

Il jeta son journal et se leva.

Ce fut tout. Pas le moindre signe de surprise. Pas un geste, pas un mot.

Si cet homme n'était pas diplomate, il aurait du l'être.

L'inconnu déposa la mère sur le sopha, mit l'enfant entre les bras du premier occupant du petit salon, et se tournant vers Grossel, respectueux, attentif, demeuré immobile au seuil de la porte :

— Vous nous servirez vous-même, lui dit-il ; vos garçons ne doivent pas se douter qu'il y a ici d'autres personnes que le docteur et moi.

— Personne ne s'en doutera, répondit le restaurateur, pas même moi, si je ne dois rien voir ni savoir.

— Le docteur et moi nous connaissons votre phraséologie et votre obéissance, n'oubliez pas l'une et faites-nous grâce de l'autre! repartit sèchement l'inconnu. Avez-vous exécuté mes ordres?

— Dès qu'ils me sont parvenus, monsieur. Et Grossel salua en silence.

— Bien. Apportez ce que j'ai demandé.
— Moi-même?
— Oui.
— Je vole et je viens.
— Animal! grommela l'autre. Faites vite, et surtout pas un mot!
— Je serai muet, quoi qu'il m'en puisse coûter.

Il salua de nouveau et se retira en renfermant soigneusement la porte à clef, derrière lui.

Pendant ce court colloque, l'officier de la Légion-d'honneur qu'on avait appelé le docteur s'était approché vivement de la femme évanouie; d'un rapide coup d'œil il avait examiné tous les symptômes de son évanouissement.

Puis, posant sur un fauteuil l'enfant qui pleurait, il lui dit doucement :

— Reste là et sois bien sage, je vais réveiller ta maman.

L'enfant le regarda de ses grands yeux effarés, lui sourit à travers ses pleurs en balbutiant :

— Voilà longtemps qu'elle dort. Il faudra lui donner à manger... Elle avait faim aussi, elle!... Laissez-moi l'embrasser, voulez-vous?

Et le pauvre petit, sans attendre la permission que le médecin allait peut-être lui refuser, sauta à bas de son siége, se précipita et vint barbouiller de baisers les joues et le front de la jeune femme.

Mais, au grand étonnement des deux hommes, la mère ne se réveilla pas sous les caresses de l'enfant,

— Maman! maman! réveille-toi donc! c'est moi! Georges!... ton petit Georges!... Tu ne veux pas m'écouter? Je vas pleurer.

La crise si violente en plein air avait tellement brisé la frêle enveloppe de la pauvre créature que, le manque de nourriture aidant, c'était à peine si un léger souffle, l'ombre d'une respiration s'échappait de ses lèvres pâles et serrées.

— Eh bien! mon ami? dit avec anxiété le dernier arrivé.

— Eh bien! c'est grave! Occupez l'enfant, je vais soigner la mère, répondit le docteur Martel, l'un des plus célèbres praticiens de ce temps-là.

Tout en parlant, et pendant que l'autre prenait l'enfant dans ses bras, il tira de la poche de son habit une trousse et un flacon de cristal.

— Y aura-t-il du danger?

— Je ne puis rien dire encore. La secousse a été terrible, la réaction trop violente. Ah! vous n'y êtes pas allé de main morte!

— Que craignez-vous? fit l'inconnu dont la voix tremblait d'inquiétude.

— Pardieu ! je crains... je crains une congestion cérébrale.

— Une... Mais ce serait la mort !

— Ou à peu près, oui.

— C'est affreux ! c'est horrible ! dit l'inconnu en laissant tomber sa tête sur sa poitrine dans un mouvement de désespoir. Si ce pauvre petit devient orphelin, je ne me le pardonnerai de ma vie.

— Oh ! le petit... le petit... ce n'est pas de lui qu'il s'agit ; un bon consommé et une marmelade aux pommes en auront raison... Sacrebleu ! mon cher, vous êtes charmant ! grommela brutalement Martel, tout en faisant respirer à la malade le puissant cordial contenu dans le flacon, vous prenez une pauvre diablesse énervée par la misère, épuisée par les privations de toutes sortes... Il va falloir que je la saigne... comme c'est gai ?... Vous emmènerez l'enfant. Et sur cette malheureuse, vous frappez comme sur une tête de Turc ? Vous avez amené le *mille*, de quoi vous étonnez-vous ?... Ah ! elle ouvre un œil... c'est quelque chose, mais ce n'est pas assez : ma mignonne, il faut ouvrir les deux.

Le brave homme, qui venait de retrousser ses manches, prit une lancette dans sa trousse, et mettant à nu le bras amaigri de la patiente, s'apprêta à le lui saigner, en cas de besoin.

— Ah ! vous allez faire du mal à maman... Je ne veux pas qu'on lui fasse du mal... s'écria le petit Georges, que l'inconnu retint malgré ses efforts.

— Je vous avais bien dit de l'emmener, fit le médecin...

— Maman! maman! continuait l'enfant... réveille-toi.., le vilain monsieur veut te tuer!... Je ne le veux pas...

— Là! voilà ce que vous me valez, dit en souriant le docteur Martel à l'inconnu. Heureusement que ce petit braillard a raison... Je crois que la saignée sera inutile.

Et, pendant que l'enfant se calmait en voyant disparaître la lancette qui l'avait tant épouvanté, le praticien suivait sur sa montre l'augmentation presque insensible du pouls de la malade.

—Allons, reprit-il avec un soupir de soulagement, rassurez-vous, mon ami, cette crise sera moins rude que je ne le pensais. Peut-être même sera-t-elle salutaire.

— Salutaire?

— Oui, elle paralysera la prostration des organes, produite par une trop longue abstinence.

— Le ciel vous entende, docteur! Quelles que soient l'honnêteté et l'importance de notre but, je m'en voudrais toujours de l'avoir dépassé.

— Oui, oui... le but est honorable, je le sais, et sans cela, je ne me trouverais pas ici... Mais le moyen a été dur... Nous avons oublié que notre sujet n'était qu'un être nerveux et abattu par de longues souffrances... Quand je dis : nous...

— C'est de moi seul que vous voulez parler. J'en conviens, je suis le seul coupable.

— Coupable! non... mais tant soit peu imprudent. Savez-vous que, sans vous en douter, vous couriez le risque de rendre cette femme folle, ou de la tuer sur le coup?

— Eh! mon ami, répondit l'autre d'une voix sombre, n'eût-il pas mieux valu pour elle perdre la raison ou mourir il y a quelques années?

— Il y a quelques années, soit, je le veux bien, fit sévèrement le docteur Martel ; mais aujourd'hui qu'elle est mère et responsable dans ce monde et dans l'autre du sort de ce petit être-là... A propos de ce petit monsieur, il me semble qu'on tarde bien à lui apporter sa pâtée...

Comme si M. Anselme Grossel eût tenu à se justifier de l'accusation portée contre son activité, la porte s'ouvrit et il entra tenant un plateau sur lequel se trouvaient tous les aliments nécessaires à la mère et à l'enfant.

— Voici une lettre pour vous, monsieur, dit-il après avoir déposé le plateau sur la table.

L'inconnu prit la lettre, l'ouvrit et la parcourut rapidement.

— On attend la réponse, reprit le restaurateur.

— Conduisez la personne qui vous a remis le billet dans la chambre que vous avez dû préparer.

— La chambre verte!

— Elle est prête?

— Oui, monsieur. J'y ai veillé moi-même. Vous le savez, rien ne se fait aussi bien que quand l'œil du maître...

L'inconnu regarda Grossel en face et de telle façon que le bavard rougit, baissa les yeux, balbutia et finit par s'arrêter bêtement au milieu de sa phrase si mal commencée.

L'inconnu ouvrit son portefeuille, en retira une carte bizarrement découpée :

— Vous servirez cette personne comme moi-même, dit-il.

— Bien, monsieur.

— On ne l'a pas vue entrer chez vous?

— Non, monsieur.

— Vous lui remettrez cette carte, et vous lui direz ceci, — retenez bien mes paroles : *Sept, compagnons de la Lune, deux.* — Vous m'avez bien compris?

— Parfaitement, répondit Grossel, qui n'avait rien compris du tout.

— Nul ne doit parler à cette personne. Vous la servirez vous-même et vous l'accompagnerez lorsqu'elle se retirera.

— Ce sera fait, monsieur ; pourtant...

— Quoi?

— Me permettrai-je une simple observation ! objecta timidement Grossel, qui ne savait s'il devait se taire ou parler.

— Parlez.

— S'il faut que je serve moi seul la personne en question, car, à la discrétion et au silence de qui puis-je me fier, si ce n'est au mien propre? comment m'y prendrai-je pour servir en même temps?...

— Vous n'aurez plus besoin de revenir ici avant une demi heure, interrompit l'ami du docteur Martel.

Grossel allait se retirer.

— Ah! un mot encore... Souvenez-vous que dans une heure ou une heure et demie, au plus tard, tous vos cabinets doivent être libres, vos garçons couchés et votre maison fermée. Vous m'avez compris?

— A merveille.

— Allez, et soyez sûr qu'on vous tiendra compte de vos services.

— Vous pouvez être certain, monsieur, fit Grossel en appuyant sa main sur son cœur pour donner plus de poids à son affirmation, que je suis tout dévoué à l'œuvre et au maître.

— Je le sais et je ne l'oublierai pas. J'en témoignerai même au besoin.

Grossel se retira.

— C'est la personne en question? demanda le docteur.

— Oui.

— Elle est sûre?

— Elle est des nôtres.

— Bien. Soignez l'enfant. Je vais guérir la mère.

— Un mot encore, mon ami.

— Parlez, répondit le docteur, qui ne perdait pas du regard le visage de la jeune femme.

— Sera-t-elle assez forte pour répondre à mes questions?

— Je vous dirai cela tout à l'heure.

— Quoique nous n'ayons pas de temps à perdre, je préférerais attendre à demain plutôt que de risquer une seconde fois ses jours.

— Avec de la prudence, des ménagements, il nous sera possible d'agir et de parler aujourd'hui même. Je l'espère.

— Pourra-t-elle marcher?

— Nous verrons cela une fois qu'elle aura pris un consommé et quelques doigts de vin vieux.

— En tous cas, on la transporterait.

— Oui, mais comment?

— Oh! ceci me regarde. Ne vous en inquiétez pas, répondit l'inconnu en souriant.

Cependant l'enfant, qu'on avait placé devant la table chargée des mets apportés par le restaurateur, mangeait avec l'appétit de son âge, et ne se serait pas arrêté, si le prudent médecin ne lui avait, pour ainsi dire, arraché les morceaux de la bouche.

— Il va s'étouffer, si on le laisse faire! dit le docteur Martel en riant.

— J'en veux encore.

— Tu en auras, si ta maman se réveille, dit l'inconnu.

— Alors donne-m'en... la voilà qui me regarde.

Le petit Georges allait s'élancer vers sa mère, qui, après s'être levée brusquement en se soutenant sur ses deux bras, venait de faire entendre un léger cri d'étonnement et de joie.

Mais, sur un signe du médecin, l'enfant fut retenu.

Le corps penché en avant, les mains jointes et tendues vers lui, le regard avidement fixé sur lui, sa mère le contemplait ; ses traits fatigués rayonnaient d'une auréole de bonheur.

— Georges ! fit-elle à voix basse.

— Maman ! répondit l'enfant.

— Faut-il le laisser libre ? demanda l'inconnu.

— Non, dit le médecin ; attendez.

Et examinant la pauvre femme avec la plus scrupuleuse attention, il suivait anxieusement tous ses mouvements.

L'inconnu s'était suspendu à ses regards.

— Georges ! répéta la mère, mon enfant ! mon cher enfant !

L'enfant, laissé libre, accourut dans ses bras.

Alors, ce furent des mots sans nom, des exclamations sans suite, des cris de ravissement entrecoupés de sanglots et de contractions, et qui aboutirent à un déluge de larmes silencieuses.

— Allons! ça y est, s'écria le docteur. Il n'y a plus rien à craindre. Laissez-la pleurer à son aise ; dans quelques minutes elle sera complétement rétablie. Ouf! nous l'échappons belle!

Et le docteur serrait avec effusion les mains de son ami, qui osait à peine en croire sa parole et le propre témoignage de ses yeux.

Quant à Georges, il sautait autour de sa mère, qui, le premier mouvement d'effervescence une fois passé, l'avait laissé aller; il battait des mains, riait et se rapprochait insensiblement de la table, où il avait l'intention de se réintégrer.

— Viens, maman ; tu as faim, mange. C'est bon, tout ça... et mon bon ami ne demande pas mieux que de t'en donner ; et il la tirait par sa robe.

A peine avait-il achevé, que la mère releva la tête, et s'adressant à l'inconnu qui témoignait la plus tendre sollicitude pour l'enfant.

— Comment se fait-il, dit-elle d'une voix brisée par tant d'émotions, que vous qui, il y a une heure à peine, vous êtes montré si cruel envers moi, je vous trouve maintenant si bon pour mon fils, pour mon Georges bien aimé.

L'inconnu embrassait l'enfant, qui se mit à dire :

— Maman, j'ai sommeil.

— Dors, petiot, lui dit le docteur. C'est encore ce que tu as de mieux à faire.

Et on l'étendit sur le canapé, où il s'endormit, la tête sur les genoux de sa mère.

II

Où l'inconnu lève un peu son masque.

Il y eut un court silence.

Puis la malade, qui cherchait à recueillir ses souvenirs, à réunir dans sa tête affaiblie les faits qui s'étaient passés dans cette nuit, si triste pour elle, si gaie pour les autres, eut comme un éclair devant les yeux.

Elle se rappela les dernières paroles de l'inconnu : « Je suis votre ami, et je veux votre enfant. »

Tout disparut pour elle, soins, secours, sympathie évidente des deux hommes, elle oublia tout, et, se dressant comme pour défendre l'approche de son fils à ses ennemis supposés, elle s'écria :

— Je me souviens! je me souviens!.. Laissez-moi!... Vous voulez me le prendre... me le voler!... Vous ne l'aurez qu'avec ma vie !

Et, sans écouter le docteur, pour qui cette recrudescence de nervosité remettait sa guérison en question, elle voulut se lever, saisir le pauvre petit et quitter l'asile où on l'avait conduite durant son évanouissement.

Les malheureux sont défiants.

Les bienfaits imprévus leur portent surtout ombrage.

Ils sont tellement accoutumés à l'indifférence générale, qu'ils supposent presque toujours un vil intérêt, une raison méprisable à quiconque leur témoigne de la pitié.

Ici, la pauvre femme, à qui la mémoire revenait, avait les meilleures raisons du monde pour se défier de ces deux hommes qui venaient de la rappeler à la vie.

Elle ne réfléchit pas qu'il leur aurait été bien plus facile de la laisser mourir, ou de profiter de son anéantissement pour exécuter les desseins qu'elle leur prêtait.

Aussi fut-il malaisé au docteur Martel de lui rendre la confiance en eux qu'elle venait de perdre.

Pourtant, à force de raisonnements, de soins et de douceur, il parvint à lui faire comprendre que l'homme dont la présence, une heure auparavant, avait failli lui devenir si fatale, qui lui était apparu comme un mauvais génie acharné à sa perte, était son sauveur et celui de son enfant.

— Le moment des explications n'est pas encore venu, ajouta ce dernier, vous n'êtes point encore en état de m'entendre sans trouble. Qu'il vous suffise, quant à présent, pauvre enfant, de savoir que personne plus que moi ne s'intéresse à vous.

— C'est vrai, fit le docteur, qu'il interrogeait du regard.

— Depuis plusieurs mois déjà je vous suis dans l'ombre, pas à pas ; je connais votre vie de travail, de lutte et de misère. J'ai dû vous paraître inflexible, cruel ; ma conduite et mes actions témoignaient contre moi. Mais j'ai agi comme je le devais. C'était un impérieux devoir pour moi de vous traiter ainsi que je l'ai fait. Un serment m'y obligeait.

— Un serment ?

— Oui, un serment sacré.

— Vous me parlez par énigmes, monsieur, répondit-elle avec un sentiment de respect instinctif que ce langage venait de lui inspirer ; je suis faible, je ne vous comprends pas bien et je vous prie de me pardonner, si je ne reconnais pas, comme je le dois, tout ce que vous avez fait pour mon fils, pour moi-même.

— Vous ne me devez rien. Ce n'est pas en mon nom que j'agis.

— Ce n'est pas en votre nom? Au nom de qui alors?

— Vous le saurez quand le moment sera venu, dit son interlocuteur, que le regard du docteur Martel empêcha de s'expliquer. D'ailleurs, c'est à vous seule que vous devez votre nouvelle destinée. Assez longtemps le malheur s'est appesanti sur votre tête, aujourd'hui vous n'avez plus à le redouter.

— Que dites-vous ?

— Désormais plus de misère, plus d'inquiétude sur votre enfant,

— Serait-il possible, ô mon Dieu!

Elle allait continuer, mais le docteur jugea qu'il était temps d'intervenir.

— Mon enfant, lui dit-il en lui prenant le bras et en la conduisant à un fauteuil qui se trouvait devant la table, vous continuerez cet entretien plus tard. Pour le moment il faut reprendre des forces. Je suis votre médecin, que diable! Vous devez m'écouter de préférence à monsieur, qui n'est que votre sauveur.

Et le brave homme plaçait à sa portée les aliments qui devaient lui rendre la force et la mettre à même d'écouter tout ce que son ami avait à lui dire.

— Ordonnez, j'obéirai, dit la jeune femme.

— Pardieu! j'ordonne que vous avaliez ce verre d'alicante et cette aile de volaille. Mon ordonnance n'est pas bien rigide, comme vous le voyez.

— Je n'ai plus faim, docteur.

— Oui, oui, je comprends, ajouta le docteur Martel qui feignit de tourner les réponses de la pauvre femme en plaisanteries, vous allez me prouver que vous commencez à vous habituer à ce régime d'abstinence. C'est fâcheux, ma chère enfant, mais il faut vous résoudre à faire comme tout le monde. Allons, avalez, avalez.

Elle commença à manger du bout des dents ; la souffrance morale avait étouffé le cri de la nature ; mais peu à peu la vie animale reprit le dessus ; le médecin, qui la surveillait, se vit obligé de la traiter ainsi qu'il avait traité le petit Georges.

Ce léger repas, ajouté au bien que lui avait fait déjà la bienveillance dont elle se sentait entourée, transfigura la malade ; les couleurs revinrent à ses joues, ses yeux brillèrent d'un éclat nouveau.

— Allons, allons, dit le docteur Martel, voilà qui va beaucoup mieux. Dieu a fait là une belle cure.

— Dieu et vous, monsieur répondit-elle avec un vif accent de reconnaissance.

— Oh ! moi, moi ! je suis une vieille perruque dont tout le savoir consiste à s'apercevoir qu'elle ne sait rien. La jeunesse ! la jeunesse ! voilà le véritable médecin.

L'inconnu se pencha vers son ami.

— Est-il temps, mon cher docteur ? murmura-t-il à son oreille.

— Oui, si le cœur vous en dit.

S'approchant alors de la jeune femme.

— Puisque, de l'aveu de notre ami, vous pouvez me donner quelques minutes d'attention, lui dit-il d'une voix douce et sympathique, sans vous trop fatiguer, Lucile Gauthier, consentez-vous à m'écouter ?

— Vous savez mon nom ! s'écria la jeune femme stupéfaite.

— Ne vous étonnez pas encore ! répondit-il.

— Je vous écoute, murmura Lucile en jetant sur lui un regard empreint de surprise et de crainte.

Le docteur, après avoir examiné si le petit Georges dormait d'un sommeil tranquille, s'installa dans un fauteuil et se disposa à en faire autant, non sans avoir dit tout bas à son ami :

— Ne frappez pas trop fort. Préparez-la, ménagez-la.

Cette dernière recommandation faite, il ferma les yeux en murmurant à part lui :

— Allez, allez, mes enfants, je sais à un mot près tout ce que vous allez vous communiquer l'un à l'autre ; je reste parce que vous pourrez avoir besoin de moi, mais, pour Dieu, tâchez de ne nous réveiller, ni l'enfant ni moi.

Quelques instants après, il dormait du sommeil de l'innocence.

Deux heures après minuit sonnait.

Les chants avaient cessé dans les cabinets environnants, dont les bruyants locataires s'étaient éloignés sur les instances du maître de l'établissement.

Un silence profond régnait dans la rue des Saints-Pères et sur le quai Malaquais, silence que seul le roulement sourd et lointain d'une voiture venait interrompre par intervalles.

L'inconnu quitta son siége et vint s'asseoir près de la jeune femme.

Il prit une de ses mains dans les siennes.

— Je vous fais peur encore? fit-il en sentant cette main frissonner.

— Non, répliqua Lucile. Je n'ai plus peur de vous... C'est malgré moi que je tremble... je ne sais pas pourquoi.

Elle faisait un visible effort pour dissimuler la sensation pénible que les mains du jeune homme lui causaient.

Celui-ci s'en aperçut. Il abandonna sa main et recula sa chaise.

— Avant tout, il est de mon devoir de vous rassurer entièrement sur votre avenir à tous deux, reprit-il en désignant l'enfant endormi. Cette crainte chassée de votre esprit, votre attention me sera acquise. J'ai meublé et loué en votre nom un appartement convenable, mais modeste, au troisième étage d'une maison située rue d'Astorg!

— Rue d'Astorg! grand Dieu!

— Numéro 35.

— C'est là que... Mais mon Dieu! mon Dieu! comment pouvez-vous savoir?...

— Le prix d'une année de loyer a été payé d'avance. En voici les quittances. En dehors du nouveau mobilier qui décore votre appartement, dans une pièce séparée, un petit boudoir, je crois, vous trouverez les quatre ou cinq souvenirs de votre vie passée, de votre jeunesse, que vous aviez conservés dans votre misère, jusqu'au dernier moment.

— Vous les avez rachetés?

— Je n'en ai pas eu besoin; c'est moi qui en avais fait l'acquisition lors de votre dernière vente par autorité de justice.

— Vous?

— Ma conduite, tous mes actes étaient écrits d'avance; ils m'étaient dictés par une volonté suprême, par une volonté que je n'ai jamais discutée. Ne cherchez pas à la découvrir. Aujourd'hui vous apprendrez une partie de la vérité; plus tard, vous saurez le reste. Maintenant, ajouta-t-il en ouvrant son portefeuille, dont il tira un papier plié en quatre, voici un contrat de rente, à votre nom, de six mille francs. M⁰ Dubuisson, notre notaire, touchera vos revenus et vous les remettra tous les trimestres. Vous trouverez dans le premier tiroir de votre commode l'argent nécessaire à votre installation. J'ai arrêté, pour vous, une servante qui vous sera dévouée et fidèle. Je vous en réponds. Prenez ce papier, qui vous appartient, et parlons d'autre chose.

Il lui tendit le contrat de rente.

Lucile ne le prit pas.

— Vous refusez ?

— Je le dois.

— Pour quel motif ?

— Dispensez-moi de vous le donner.

— N'attendez pas de franchise de ma part, si vous gardez pour vous vos secrets et vos réflexions.

— Eh bien ! dit Lucile, mieux vaut vous obéir. Pour que la lumière se fasse, il ne faut pas qu'un seul coin reste sombre dans notre pensée. Ma jeunesse a été misérable, parce que je n'ai pas su parler à temps, ou plutôt parce que, timide et concentrée, je n'ai pas osé parler. J'ai marché dans des ténèbres épaisses, continuelles. A qui la faute, si j'ai fait tant de faux pas ? Le jour où j'ai voulu en sortir, il n'était plus temps. Je ne veux plus qu'à l'avenir il en soit ainsi. Je prétends voir clair dans ma vie.

— Qui vous en empêche ?

— Tout ; vos propositions, vos paroles, vos actes. Si j'accepte, je serai guidée comme un enfant vers un but que je ne comprends pas.

— Si vous refusez, c'est la misère, la mort peut-être, pour vous et votre fils !

— Oh ! je ne la crains pas, vous l'avez vu.

— Pour vous, soit, mais pour lui ?

— Qui sait si je ne grève pas son existence d'une reconnaissance trop lourde ? Vos bienfaits sont redoutables, monsieur.

— Lucile!

— Pardonnez-moi, si dans mes paroles il s'en glisse une blessante! Mais, franchement, quel degré de confiance puis-je avoir? Je ne vous connais, jusqu'à présent, que par le mal que vous m'avez fait...

— Et par le bien que j'essaye de vous faire.

— Il est vrai... Mais c'est précisément ce bien, cette sympathie, aussi inexplicables que votre haine et vos poursuites primitives, qui me paraissent à craindre. Il me semble que je vais entreprendre un voyage où se briseront mes forces et celles de mon enfant; que je marche vers un abîme inconnu, mais inévitable, par un chemin tout parsemé de fleurs.

— Ainsi, vous ne voulez pas avoir confiance en moi? fit l'inconnu avec douleur.

— Quelle confiance puis-je avoir?... Vous prétendez connaître mon passé? reprit-elle après une courte réflexion.

— Je le connais.

— Si cela est, de quel droit vous êtes-vous acharné contre moi? En vertu de quel mandat m'avez-vous poussée jusqu'aux portes entr'ouvertes du suicide? Quel marché honteux, infâme, avez-vous à me proposer?

— Pauvre nature humaine, s'écria l'inconnu avec amertume! Ne jamais croire à une pensée désintéressée! toujours supposer qu'une bonne action cache un crime ou une lâcheté! Malheureuse femme! vous ne voulez pas comprendre que l'intérêt que vous m'inspirez est réel. Mais je vous aime, comme j'aimerais ma fille ou ma sœur.

— Moi?

— Mais, continua-t-il avec véhémence, je n'ai pas d'autre but que de vous rendre, de vous faire retrouver les restes de ce bonheur qui s'est brisé dans vos mains innocentes, sous le souffle impur d'un misérable et d'un infâme!

—Même cela! Il sait même cela! se dit-elle. Mais cet homme, cet infâme, je l'ai à peine entrevu; j'ignore jusqu'à son nom!

— Ce nom, je le connais, moi.

— Oh! dites-le, dites-le! et je croirai toutes vos paroles, et j'obéirai à chacun de vos ordres. Ce nom, c'est mon honneur retrouvé, c'est l'honneur de mon fils, c'est le droit de marcher la tête haute et de regarder en face toutes les femmes qui peuvent nommer le père de leur enfant. Oh! une fois ce nom en mon pouvoir, il faudra bien que celui qui le porte répare tout le mal qu'il m'a fait ou qu'au moins il essaye de le réparer.

— Et s'il ne le veut pas?

— S'il ne le veut pas! Je ne quitterai pas le seuil de sa demeure, je le suivrai, je le poursuivrai partout et en tous lieux, à toute heure. A chaque femme qui passera fièrement au bras de son époux, à chaque mère qui conduira sa fille par la main, à tous venants, je crierai : Vous voyez cet homme qui demeure dans cette maison-là, c'est un voleur de nuit, un assassin ; il a volé ma réputation d'honnête fille, il a assassiné le bonheur d'honnête femme que je pouvais avoir en ce monde !

— Calmez-vous ! fit l'inconnu, effrayé de son exaltation.

— Je crierai cela, et on me croira, parce que la vérité se fait toujours croire. Je crierai encore : Vous voyez cet homme : un jour j'étais chez moi ; heureuse, par une journée d'été, dans une cabane de pêcheurs, au bord de la mer, à Roscoff, en Bretagne.

— C'est bien cela !

— Il entra pour se reposer, pour se garer des rayons d'un soleil brûlant. Il me demanda à boire. J'étais seule. Je me levai pour aller chercher ce qu'il avait demandé. Il me suivit. Le misérable m'avait vue, il m'avait trouvée belle. J'étais sans défiance. Et puis, je pensais bien à cela ! J'avais le cœur plein d'amour pour... pour quelqu'un...

— Continuez.

Lucile s'essuya les yeux et continua :

— Il me dit : Vous êtes seule, mon enfant ? Oui, monsieur. Mon père est en mer. Il ne reviendra pas avant une heure. Je n'avais pas achevé, que le misérable se jetait sur moi ; un coup violent que je reçus à la tête me renversa... Quand je revins à moi, j'étais perdue, déshonorée. Un an après j'étais mère ; l'on me chassait du pays.... l'homme que j'aimais s'éloignait, s'engageait, se faisait tuer en me maudissant... et l'homme qui m'avait réduite au dernier degré de désespoir et de misère ne m'a jamais donné signe d'existence ! Si j'étais seule, je le laisserais dans sa honte et dans ses remords ; mais j'ai Georges, j'ai mon fils ! je ne veux pas que mon fils ne puisse pas nommer son père.

Elle se cacha la tête dans ses mains pour voiler sa rougeur et sa honte.

— Georges portera le nom de son père, je vous le jure. Mais prenez-y garde, ce nom appartient à un homme riche, puissant. La moindre imprudence, et nous échouerons.

Nous !... Vous vous associez à moi... vous ? dit-elle avec stupeur.

— Je vous amènerai le coupable... Il se traînera à vos pieds... Il implorera votre pardon.

— Lui !

— Il confessera sa faute, et sa faute confessée, il la réparera aux yeux du monde.

— Vous ferez cela ? dit Lucile, qui croyait rêver.

— Je le ferai, répliqua-t-il simplement. Seulement, laissez-vous guider par moi. Unissez votre volonté à tous mes efforts.

— Oh ! soyez tranquille !.,. Il s'agit de mon enfant, de son avenir, de sa vie, je ne serai ni imprévoyante ni imprudente.

— Bien. Nous réussirons.

— Mais, fit Lucile, qui depuis quelques moments réunissait tous ses esprits pour résister à cette suite de chocs imprévus, vous qui venez m'offrir la réalisation de mon désir le plus secret, vous qui me criez : il faut vivre! en me donnant la seule bonne raison qui puisse me forcer à vivre, qui êtes-vous?

L'inconnu garda le silence.

— Vous hésitez? ajouta Lucile; ne voulez-vous pas que je mêle votre nom à mes prières?... Vous hésitez! Et à son tour elle fit un effort, se pencha vers lui, saisit sa main, et l'approchant de ses lèvres :

— Oh! parlez, parlez!...

— Si j'hésite, Lucile, c'est que j'ai peur...

— Peur?... Je ne comprends pas.

— Oui, j'ai peur pour vous d'une trop forte commotion.

— Oh! je me sens forte.

— Car ce nom n'est pas nouveau pour vos oreilles... Il vous a été, il vous est peut-être encore bien cher!

— Un nom bien cher!... Il n'en est qu'un seul...

— Je tremble de réveiller des souvenirs cruels ; je n'ose pas fouiller une cendre encore brûlante.

— Ne craignez rien...

— La plaie de votre cœur est toujours saignante.

— Parlez, au nom du ciel !

— Eh ! sacrebleu ! oui, parlez ! fit une voix derrière l'inconnue.

C'était celle du docteur, que les éclats de l'émotion de Lucile venaient de réveiller.

— Ne voyez-vous pas, ajouta-t-il, que vous risquez de lui faire cent fois plus de mal en vous taisant qu'en lui apprenant tout ? Que diantre ! on ne met pas la coupe aux lèvres des gens pour la leur retirer de la sorte.

— Vous le voulez, docteur ?

— S'il le faut ! je l'ordonne.

— J'attends, dit Lucile, qui respirait à peine.

— Eh bien ! que votre volonté soit faite, Martel ! je vous obéis. Lucile, je suis le frère de l'homme que vous aimez... que vous avez tant aimé, fit-il en se reprenant, je suis Martial Renaud.

— Martial Renaud ! vous !... le frère de Noël !...

Il y eut un moment d'angoisse.

Le docteur Martel s'avança vers Lucile, la prit par les épaules et, la poussant presque de force vers Martial Renaud qui se tenait immobile et les bras tendus vers elle :

— Allons ! voyons ! embrassez-le donc. Vous voyez bien qu'il ne demande que cela.

La glace était rompue.

Pendant que Lucile sanglotait entre les bras de Martial, qui la soutenait et l'embrassait comme un frère aîné soutient et embrasse sa jeune sœur, le médecin s'approcha de l'enfant, l'enleva aussi légèrement qu'il eût fait d'une plume, et le plaçant au milieu du groupe formé par eux deux :

— Fais ta partie dans ce concert, crapaud ! lui dit-il.

Crapaud n'était peut-être pas de circonstance ; mais le bon praticien, aussi ému que sa malade, ne savait plus trop ni ce qu'il disait ni ce qu'il faisait.

Un quart d'heure après, Lucile et le petit Georges, sous la garde du docteur Martel, roulaient en fiacre vers la rue d'Astorg, et Martial Renaud restait seul dans le cabinet où cette reconnaissance venait de s'opérer.

Alors Martial dérangea un large buffet qui cachait une porte dérobée, et tirant à lui le buffet il ouvrit en même temps la porte, qui donnait dans une chambre pouvant passer pour un cabinet de toilette et pour un porte-manteau.

Des vêtements étaient préparés sur un canapé.

Des bougies brûlaient dans les candélabres.

Sans perdre de temps, Martial fit une toilette de bal.

Une fois habillé, il jeta un dernier regard sur la glace, prit ses gants, son chapeau et souffla toutes les bougies.

— La nuit a commencé, murmura-t-il ; comment finira-t-elle ?

Tout en faisant cet à-parté, il se dirigea machinalement vers la glace qui surmontait une cheminée étroite et basse.

Il devait être venu bien souvent dans cette salle secrète du *Restaurant Basset*, puisque, malgré la profonde obscurité qui y régnait, il appuya sans la moindre hésitation l'extrémité de son index sur une des rosaces latérales du cadre.

La cheminée se conduisit comme s'était conduit le bahut du cabinet voisin.

Un pan de mur se détacha d'un seul bloc, tourna sans bruit sur lui-même et démasqua les taillis touffus d'un admirable jardin d'hiver.

Martial passa vivement au travers de l'ouverture béante.

Le pan de mur reprit aussitôt sa place, sans qu'il fût possible à l'œil de l'investigateur le plus habile d'apercevoir une ligne suspecte, une solution de continuité quelconque.

Martial regarda l'heure à sa montre.

Il était trois heures précises.

— J'arrive à temps, se dit-il.

Il se dirigea alors vers un milieu lumineux encore assez éloigné de cette extrémité de la serre et d'où lui arrivaient par échappées les sons d'un orchestre harmonieux.

Au moment où il tournait un massif d'arbres exotiques lui masquant la vue des brillantes illuminations qui faisaient ressembler cette serre et les salons sur lesquels elle donnait à un palais vénitien du bon vieux temps, une main légère se posa sur son épaule, et une voix amie lui murmura doucement à l'oreille :

— Vous arrivez bien tard ! On vous attend, mon cher colonel.

III

Un bal à l'hôtel de Warrens.

Nous l'avons dit, le comte de Warrens, possesseur d'une fortune immense, porteur d'un grand nom, occupant une haute position dans la diplomatie, sans songer à la politique autrement qu'à ses heures, avait eu, dès le premier jour, ses grandes et petites entrées dans le Paris aristocratique et dans le Paris financier.

Les portes si soigneusement closes, d'ordinaire, du noble faubourg, et celles si facilement, si grandement ouvertes des faubourgs Saint-Honoré et de la Chaussée-d'Antin, ne se trouvèrent point avoir de battants pour lui.

Partout, il se vit accueilli avec les plus séduisants sourires; partout avec les avances les moins déguisées.

M. de Warrens, gentilhomme de *high life*, avait répondu sans se prodiguer, mais avec politesse, à ces avances hospitalières.

La distinction de ses manières, le charme de sa conversation, son élégance de bon goût le mirent de plain-pied à la mode

Presque sans s'en douter, à son corps défendant, il était devenu le lion de la saison.

Envié, mais admiré par les hommes, recherché et aimé par les femmes, il sut mériter l'envie et l'admiration des premiers; il fit si bien qu'il se retira sain et sauf des jolies mains qui lui tendaient des chaînes de roses.

Mais les petites mains se refermèrent avec des gestes pleins de menace, et les envieux se promirent bien de saisir la première occasion pour renverser l'idole et l'écraser sous son piédestal.

Du reste, le luxe déployé par le comte était véritablement princier.

Ses chevaux de selle, tant arabes qu'anglais, défiaient les plus rapides; ses chevaux de voiture et de trait, normands, percherons ou mecklembourgeois, faisaient l'admiration de tous les connaisseurs. On citait ses écuries, qui, depuis les écuries de Chantilly, sous le premier Condé, pouvaient passer pour les plus belles qu'on eût jamais bâties en France.

Elles étaient au nombre de trois.

La première, en bois de chêne, éclairée par un plafond lumineux, éclairage rare à cette époque, contenait vingt boxes aux mangeoires de malachite.

Là se trouvaient les bêtes auxquelles le comte attachait le plus grand prix.

Au-dessus de chaque mangeoire, un cartel indiquait la race de l'animal et portait son nom.

Dans la seconde, infirmerie au petit pied, veillait un vétérinaire spécialement attaché aux écuries et à la vénerie. Là étaient soignées les bêtes malades ou fatiguées.

La troisième, éloignée des deux autres et dans laquelle on pénétrait par une petite allée de traverse, recevait les chevaux de nuit qui, de la sorte, respectaient le sommeil des chevaux de jour.

Nous ne parlerons que pour mémoire d'un réduit en bois d'amaranthe ne contenant que deux boxes, dans lesquels jour et nuit, bridés, sellés, prêts à partir pour une longue traite, se trouvaient à tour de rôle deux fines bêtes aux jarrets d'acier, aux flancs solides et au large poitrail.

Plusieurs fois déjà, ces chevaux de précaution, ainsi que les appelait l'intendant Karl Schinner, avaient servi soit à lui-même, soit au comte, et l'écume qui blanchissait leur frein, à l'heure du retour, témoignait que leur emploi n'était pas une sinécure.

Ses voitures, sortant des ateliers de Binder ou venant d'Angleterre, n'étaient ni voyantes ni surchargées d'armoiries.

A peine une couronne comtale, presqu'imperceptible, se détachant en relief jaune de son fond noir, affirmait-elle aux passants que le maître de ces luxueux et simples équipages n'était point un M. Martin ou un M. François quelconque.

Les remises et selleries, situées en face des écuries, auraient pu servir d'étude à un notaire très-soigné ou à une petite maîtresse peu difficile et aimant l'odeur du cuir de Russie.

Sa livrée bleu et argent faisait merveilleusement derrière sa voiture ou à la porte de ses immenses vestibules.

Dans ses salons, il n'entrait que des huissiers vêtus de noir, chaîne d'argent au cou, en bas de soie et en escarpins.

Les talons rouges manquaient, voilà tout.

Inutile d'ajouter que, simple dans sa mise, le comte ne portait pas de bijoux voyants et ne se distinguait que par la finesse merveilleuse de sa batiste.

Roi de la mode, le comte de Warrens tenait d'une main si ferme ce sceptre fragile et redoutable, que nul n'osait lutter avec lui et que de nombreux amis et courtisans lui faisaient une cour brillante.

Mais si le comte de Warrens avait des amis dévoués et prêts à le défendre à toute outrance parmi les gens du monde, il avait aussi d'implacables ennemis, ennemis cachés à la vérité, infimes même, à craindre toutefois, leur œuvre étant une œuvre souterraine, un travail de taupe, patient et continu.

Les envieux et les jaloux procédaient par la médisance et par la calomnie.

Semant de tous côtés des bruits injurieux, compromettants au point de vue politique, ils se retiraient aussitôt que la fusée était partie, de façon qu'on apercevait bien la pluie de feu éclairant l'horizon, mais qu'on ne découvrait jamais la main qui l'avait lancée.

Ces bruits se répandaient avec une rapidité extrême et minaient sourdement l'idole encensée par une foule enthousiaste.

Les choses en étaient venues à ce point que la police, toujours ombrageuse, s'en émut.

On fit des démarches afin de savoir quel feu cachait toute cette fumée.

Mais la position du comte était si nette, sa fortune si réellement solide, son existence tellement étalée au grand jour, que les soupçons tombèrent d'eux-mêmes; les imposteurs en furent pour leurs frais d'impostures et toutes ces tentatives et démarches hostiles tournèrent à son grand avantage.

« La calomnie, docteur, la calomnie ! Il faut toujours en venir là ! » fait dire Beaumarchais à son Basile. Lui ou un autre a écrit : « Calomniez, calomniez, il en restera toujours quelque chose. »

Ces deux conseils sont malheureusement trop faciles à suivre.

Aussi la police, tout en s'avouant vaincue, ne renonçait-elle pas à la lutte. Elle attendait, recueillant soigneusement les incidents les plus futiles en apparence.

Grossissant peu à peu son dossier et guettant le moment de rentrer en lice, elle se tenait sur la défensive et feignait d'avoir relégué cette affaire au fond de ses casiers.

Pourtant deux faits venaient de se passer qui avaient donné fort à réfléchir dans les hautes régions de la préfecture, et qui de nouveau fixèrent sur le comte son attention et celle du public.

Ces deux faits, nous allons les rapporter ici, afin de faire apprécier la position respective de nos personnages et d'éclairer, autant que possible, la lutte ténébreuse engagée entre eux.

Un procès dans lequel se trouvaient compromises plusieurs célébrités parisiennes tenait alors la curiosité en éveil.

Ce procès, dont les péripéties se déroulaient devant la cour des pairs, souleva l'indignation universelle et mit en émoi tout le faubourg Saint-Germain.

Le nom du principal accusé, sa haute position sociale, et surtout les révélations que l'on redoutait, faisaient de cette affaire une cause aussi intéressante qu'exceptionnelle.

Le scandale, déjà énorme, pouvait rejaillir sur bien des personnes haut placées.

On avait accordé à quelques-uns des accusés la faculté de recevoir des visites, sous la responsabilité d'un gardien vigilant qui assistait à leur entretien, armé du droit d'y mettre fin dès qu'il le jugerait convenable.

Un jour, le comte de Warrens, muni d'un laissez-passer en règle de tous points, se présenta pour voir l'un des accusés, le plus compromis, celui dont on redoutait les révélations.

Cet accusé, ainsi que toutes les autres personnes impliquées dans cette affaire, était détenu au Luxembourg.

Le comte causa quelques minutes avec lui, ne traitant que des sujets indifférents, sans nulle importance, puis il se retira, toujours accompagné par le gardien, qui ne l'avait pas perdu de vue une seule seconde.

Deux heures plus tard, l'employé de la prison, le guichetier qui vint apporter son repas du soir à l'accusé, le trouva étendu sur son lit, froid, glacé, mort.

Les médecins de l'administration, appelés pour procéder à l'autopsie du cadavre, constatèrent la présence d'un poison foudroyant, inconnu en Europe.

Le mort avait emporté dans la tombe ces révélations redoutées.

7.

Le gardien disparut ; il ne fut jamais retrouvé, malgré les plus actives recherches.

A tort ou à raison, le noble faubourg fit honneur de cette mort à M. de Warrens, qui laissa dire.

La seule chose que la police parvint à découvrir fut que le gardien, tout nouveau dans le service du Luxembourg, avait précédemment fait partie des nombreux serviteurs du comte.

Mais les preuves matérielles manquant, elle jugea prudent de s'abstenir, se promettant de prendre sa revanche à la prochaine occasion.

Cette occasion ne se fit pas attendre.

Le premier lundi du dernier carnaval, tous les bureaux de la préfecture avaient été mis en émoi par la raison que voici :

Une lettre jetée au rebut, pour cause d'adresse inconnue ou mal mise, par l'employé de la poste chargé de la distribution, fut décachetée au bout d'un certain temps pour être retournée à l'expéditeur ; cela, selon l'usage de la direction des postes.

Seulement, il se rencontra une petite difficulté lorsqu'on voulut connaître le contenu de cette missive.

Elle était écrite en caractères singuliers, qu'aucun préposé aux bureaux de l'étranger ne parvint à déchiffrer.

Cette lettre, jaunie, surchargée de cachets et de suscriptions, paraissait venir de très-loin et être demeurée très-longtemps en route.

Cependant, à force de la tourner, de la retourner et d'en épeler l'adresse, on crut lire le nom du major Karl Schinner, intendant du comte de Warrens.

En désespoir de cause, on allait la lui expédier.

Un employé supérieur de la police qui se trouvait là et dont la curiosité fut subitement éveillée par la vue de ces caractères hiéroglyphiques, fit observer qu'il y avait un moyen bien simple de savoir à quoi s'en tenir.

— Qu'on coure à l'instant, dit-il, ou plutôt je vais aller moi-même à l'Institut ; là, parmi les nombreux savants qui peuplent cette auguste et docte assemblée, je trouverai bien quelqu'un qui déchiffrera ce grimoire.

De cette façon on était sûr de ne pas commettre une erreur, toujours préjudiciable à la réputation d'un établissement comme celui de la direction des postes.

L'employé aux rebuts lui confia la lettre énigmatique.

L'agent supérieur s'en empara et la porta sans perdre un instant, non pas à un des membres de l'Institut, non pas à un savant, mais au chef de la police de sûreté lui-même.

Ce procédé, qui, avec quelque raison, semblerait extraordinaire aujourd'hui, n'avait alors rien que de fort usuel.

Le chef loua l'agent de son zèle, lui remit une

gratification, se rendit à la préfecture et fit appeler l'employé chargé des traductions qui ne put lui répondre non plus.

Seulement, sur la menace d'une destitution prochaine, il s'engagea à apporter la traduction le lendemain.

Le soir même, il alla trouver un marchand de bric-à-brac, professeur de langues mortes à ses moments perdus, rabbin de troisième ou quatrième classe, attaché à la synagogue de Paris, qui demeurait rue Jacob, dans une des boutiques attenant à l'hôtel de Warrens.

Ce marchand, appelé Élie Xhardez, cumulant son commerce de curiosités antiques, bâties dans un atelier de la rue Chapon, avec un négoce de vins du Rhin, Johannisberg, Assmanshauser et Stainberg, fabriqués avec des crus de Touraine coupés par de faux champagne, commença par se faire payer vingt francs pour sa peine.

Les vingt francs une fois empochés, il examina la lettre, se mit à rire et la rendit à l'agent de police en lui disant :

— Vous avez eu bon nez de vous adresser directement à moi.

— Pourquoi cela ?

— Je suis le seul homme qui puisse vous traduire ce papier. Tout l'Institut s'y serait cassé les dents.

— En quelle langue est-il donc écrit ?

— En patois indoustani.

— Et vous le savez ?

— Comme un habitant de Saint-Brieuc sait le patois breton.

— Ah ! bien ! voilà une maudite lettre qui peut se flatter de nous avoir donné du mal.

— Vous avez eu bien tort de vous en faire, fit Xhardez d'un ton goguenard.

— Pourquoi cela ?

— Parce que cette lettre est une mystification.

— Une mystification... à l'adresse de qui ?

— A la vôtre... c'est-à-dire à celle de la police.

— C'est impossible.

— Je vous l'affirme. Croyez-moi : brûlez-la et qu'il n'en soit plus question.

— Pas avant de savoir ce qu'elle contient.

— Vous y tenez ?

— Certes, répliqua l'agent, il y va de ma place.

— Vous insistez, je n'ai plus qu'à vous obéir. Voulez-vous une traduction écrite ?

— Oui.

Xhardez s'approcha d'un bahut en bois noir veiné d'ivoire blanc, qui ressemblait, à s'y méprendre, à un meuble vénitien du seizième siècle, et le prenant pour pupitre, il y écrivit la traduction demandée.

Au bout de quelques minutes, il la tendit à l'agent.

— Tenez.

Celui-ci s'en empara d'un geste convulsif, la dévora littéralement des yeux ; puis, froissant le papier avec rage entre ses doigts crispés, il poussa un soupir de désappointement.

— Je vous avais averti, murmura tranquillement Élie Xhardez. C'est quinze francs soixante-quinze centimes de plus pour le papier et pour la traduction manuscrite.

Tout à coup, l'agent de police, qui paya, se mit à rire.

— Toute réflexion faite, cela apprendra au chef de la police de sûreté à se mêler de ce qui ne le regarde pas, pensa-t-il.

Et il sortit.

Le lendemain matin, dès son arrivée, le chef trouva sur son bureau la lettre avec la traduction sous la même enveloppe ministérielle.

Voici ce que contenait cette étrange missive :

« Monsieur le comte,

(La lettre était pour le comte de Warrens et non pour son intendant, dont le nom n'était même pas prononcé.)

« Les laines se tiennent. Le marché est bon. La vallée de Kachmir est en progrès. Vous recevrez sous peu les châles que vous avez commandés ; on les a expressément tissés pour vous, selon vos ordres. Tous vos troupeaux sont en état. Les fabriques marchent au mieux. »

Jusque-là, il n'y avait rien à dire. C'était une lettre d'affaires, en tout semblable à celles qui s'expédient journellement dans les cinq parties du monde.

Malheureusement le style du dernier paragraphe venait tout gâter.

Voici ce qu'il y avait dans ce paragraphe, qui fit monter le rouge de la colère et de l'indignation au visage du chef de la sûreté :

« Ne vous étonnez pas, monsieur le comte, je vous prie, de ce que je vous écris en patois indoustani. A tort ou à raison, je pense que le cabinet noir n'est pas mort. Je ne suis pas fâché de faire un peu travailler la police française, qui, sans doute, cherchera à lire cette lettre avant vous, sans y parvenir. C'est une joie pour moi de lui prouver une bonne fois de plus son impuissance et son ineptie.

« Veuillez agréer, monsieur le comte, l'assurance du complet dévouement de votre très-humble et très-respectueux serviteur.

« PIERRE DURAND.

« Sirinagor (Lahore), 7 juillet 1846. »

La lettre, recachetée avec soin et de façon à ce qu'on ne s'aperçût pas qu'elle avait été ouverte, fut expédiée à l'hôtel de Warrens.

Mais, naturellament, la police était plus furieuse que jamais.

Le comte semblait ne pas se douter de ses colères

et de ses fureurs ; il feignit d'ignorer la surveillance occulte dont il était l'objet.

Dès son arrivée, il avait pris deux jours par semaine, le mardi et le samedi.

Le mardi, il ne recevait que ses intimes.

Le samedi, ses salons s'ouvraient à tout ce que Paris renfermait de sommités et d'illustrations dans la diplomatie, dans les lettres, dans les arts, dans l'armée.

Nous avons déjà constaté que la noblesse et la finance avaient ouvert leurs portes ; aussi ne se faisaient-elles pas faute de venir se coudoyer et se regarder du haut de leurs quartiers ou de leurs sacs d'écus.

Sur ce terrain neutre se rencontraient les opinions les plus opposées.

Comme tout en se trouvant dans la meilleure partie du meilleur monde parisien, on jouissait de la plus grande liberté chez M. de Warrens, on l'accablait de demandes d'invitations. Il ne répondait jamais qu'à bon escient.

Les honneurs de l'hôtel de Warrens étaient faits par Mme la duchesse de Vérone, veuve de l'un des plus célèbres généraux de l'ère impériale, le général Dubreuil, duc de Vérone.

Les liens éloignés de famille qui unissaient le comte de Warrens à la duchesse de Vérone lui avaient fait accepter une tâche qu'elle remplissait avec autant de distinction que de charme.

Sa présence autorisait les femmes, mariées ou veuves, et les jeunes filles à assister à ces soirées et à ces bals.

Le samedi gras était donc jour de bal à l'hôtel de Warrens.

Le programme, rédigé de façon à exciter vivement la curiosité, annonçait un concert, un bal paré et masqué, le tout se terminant par un souper devant durer deux heures, de cinq à sept heures du matin.

On était libre de ne pas se masquer, de ne pas se costumer ; — seulement, tout invité ou toute invitée en costume de bal ordinaire ne pouvait pénétrer dans les salons réservés aux masques, aux costumes et aux dominos.

De la sorte, les mères timorées n'avaient rien à craindre pour les oreilles de leurs filles, et les veuves inconsolables ou les femmes trop mariées étaient sûres de trouver un refuge, un coin du monde où elles se verraient libres d'oublier les unes leurs maris morts, les autres leurs époux vivants.

Depuis plus d'un mois, de tous côtés, on parlait de cette fête.

Les brigues avaient été vives pour s'y faire inviter.

Vers onze heures, les voitures les plus élégantes commencèrent à amener le menu fretin des élus.

A une heure du matin, les têtes du bal étaient arrivées.

Près de deux mille personnes, dont plus de cinq cents masquées ou costumées, circulaient dans la longue enfilade de salons latéraux qui, partant du quai Malaquais, arrivaient rue Jacob.

Les salons de droite, consacrés aux invités en habit de ville, contenaient des ministres, des ambassadeurs, des littérateurs, des généraux et des artistes.

Les femmes les plus sévères de l'aristocratie française et étrangère n'avaient pu résister à leur désir de contempler ces splendeurs orientales.

Dans les salons de gauche régnait la plus franche gaîté. Là se heurtaient, au milieu d'éclats de rire de bon aloi, de propos légers ne frôlant même pas la licence, de tutoiements autorisés par le manteau vénitien, tout ce que Paris avait d'esprit, de talent, de verve et de gaîté.

Pas un habit noir, pas une cravate blanche; l'or, l'argent, le velours, la soie, la poudre blanche et la poudre blonde, les fleurs et les diamants miroitaient sous une myriade de bougies.

Le comte de Warrens venait de faire oublier le comte de Warrens.

Il s'était surpassé.

On n'entendait de tous côtés que des exclamations extatiques ou des cris d'admiration.

Féerie! palais magique! fête digne des *Mille et une Nuits!* étaient les moindres éloges donnés par la foule à la réunion la plus brillante de tout l'hiver.

Le comte, à l'entrée des salons de gauche, recevait toutes les personnes costumées, déguisées ou masquées.

La duchesse accueillait dans les salons de droite les femmes en costume de bal, avec une grâce et une amabilité exquises.

Auprès de la duchesse de Vérone se tenait assise une jeune fille blonde, aux yeux bleus, aux traits fins; une charmante enfant de dix-sept ans au plus, réalisant en un seul type la Charlotte et la Mignon de Gœthe.

Une robe de tarlatane blanche, des myosotis dans les cheveux, c'était tout, et cela suffisait pour en faire une des reines du bal.

Modeste et rougissante sous la pluie de regards admirateurs qui tombaient sur elle dru comme grêle, elle semblait tout étonnée, tout effarée de se trouver dans un milieu nouveau pour elle.

Souvent la duchesse se penchait vers elle est lui présentait soit un danseur, soit une de ses connaissances.

Mais la jeune fille secouait sa blonde tête. et lui répondait dans ce muet langage :

— Ne craignez rien, madame. Ma résolution est immuable. Rien ne me fera chanceler. J'irais jusqu'au bout.

Derrière sa chaise et suivant tous les sentiments

qui venaient tour à tour faire pâlir ou rougir son charmant visage, un jeune homme se tenait immobile et veillant sur elle.

A peine de temps à autre se baissait-il jusqu'à son oreille et prononçait-il quelques paroles qui lui faisaient secouer silencieusement la tête.

Évidemment, au milieu du brouhaha, des allées et venues, des présentations nombreuses se succédant les unes aux autres, il y avait une pensée vivant dans ces trois personnes, une pensée unique qui les réunissait toutes trois, la duchesse, le jeune homme et la jeune fille, dans la même attente.

Tout à coup la générale Dubreuil, qui venait de prendre la main de la jeune fille dans la sienne, la sentit frissonner.

Elle se tourna de son côté.

Elle la vit tremblante, les yeux pleins d'horreur, blanche comme un marbre de Carrare.

Se plaçant, sans en avoir l'air, de façon à masquer cette émotion subite, la vieille dame jeta les yeux autour d'elle et aperçut la cause de cette émotion.

— Courage ! dit-elle vite et bas.

— Courage ! répéta le jeune homme sur le même ton.

M. de Warrens venait vers la duchesse, accompagné d'un homme de quarante-cinq à cinquante ans, gros et court, aux épaules larges, à l'encolure commune, aux traits rapaces, éclairés par deux petits yeux gris pétillants d'astuce ; une brochette de croix nombreuses s'étalait sur son habit.

La face, la poitrine, le ventre, les jambes de ce nouveau venu respiraient la suffisance du parvenu, la confiance vaniteuse du financier qui met ses caves pleines d'or au-dessus de tout.

La face était couperosée, la poitrine et le ventre assez proéminents pour ne faire plus qu'un, les jambes réunies figuraient le parfait entourage d'une douve mal taillée.

Et malgré cela, le propriétaire de cet ensemble disgracieux et déplaisant saluait les femmes d'un air conquérant, les hommes d'un air protecteur, pensant à part lui que, pour peu qu'il lui plût, le lendemain matin, il aurait tous ces hommes et toutes ces femmes dans les caves de son hôtel, à genoux devant ses tonnes d'or, à plat-ventre devant ses liasses d'actions, d'obligations ou de billets de banque.

Car c'était le plus riche banquier de Paris, de la France, de l'Europe, ce vilain monsieur-là ! Le plus riche, entendez-vous bien !

— Madame la duchesse, dit le comte de Warrens, permettez-moi de vous présenter M. le baron de Kirschmark.

Et il s'effaça devant la banquier, qui s'avançait avec la lourdeur et l'aplomb d'un galion ambulant.

— Je suis heureuse de vous recevoir, monsieur

le baron, fit la duchesse en inclinant légèrement la tête.

— C'est moi, madame la duchesse, qui suis ravi, enchanté de me trouver ici. Je n'ai jamais vu fête plus belle, ni plus riche ordonnance... répliqua le baron de Kirschmark avec des penchements de cou et des clignements d'yeux voulant dire : Je suis bon prince, hein !

— Plus riche ? reprit le comte en souriant, vous vous oubliez.

— Non, parole d'honneur. C'est superbe, et digne du crédit que vous avez chez moi, mon cher comte... un crédit de pas mal de millions, ma foi !

— Mon cher baron, nous allons parler affaires, et ces dames n'y comprendront rien, interrompit M. de Warrens.

— Ce qui signifie que nous pourrions les ennuyer, ajouta le gros financier avec un rire à pomme d'or. Si madame la duchesse y consent, je profiterai de son bon accueil pour lui demander et lui prendre quelques minutes dans la soirée.

— Vous me trouverez entièrement à votre dévotion, monsieur.

Le banquier salua et se perdit dans la foule.

Le comte et la duchesse échangèrent un rapide coup d'œil.

La duchesse se pencha vers la jeune filte :

— C'est lui, n'est-ce pas, chère enfant? lui demanda-t-elle avec intérêt.

— Oui, madame, lui répondit la jeune fille, qui était à peine remise de sa première émotion.

— Bien. Il nous fallait cette certitude. Maintenant que nous l'avons, monsieur le comte de Warrens et moi, nous ferons en sorte que vous ne soyez plus obligée d'affronter, ou de subir cette odieuse présence dans le cours de cette fête.

— Je m'y engage, mademoiselle, fit le comte.

— Redevenez donc joyeuse, mon cher cœur, ajouta la duchesse, et ne songez plus qu'au but que nous cherchons à atteindre.

— Je tâcherai, madame la duchesse.

— Et vous réussirez.

— Je l'espère, vous êtes si bonne pour moi!

— Oh! ne parlons pas cela. Est-ce que je ne remplace pas votre mère, en ce moment?

— Ma pauvre mère! murmura-t-elle avec un soupir étouffé.

Le comte, qui écoutait silencieux ce court dialogue, s'avança et fit un signe au jeune homme, qui s'éloigna aussitôt.

— Est-ce l'heure? demanda Mme Dubreuil.

— Oui, duchesse.

— Ne craignez-vous que la surprise, l'émotion de tout à l'heure ne paralysent les moyens de cette chère enfant?

— Mademoiselle aura le temps de se remettre,

pendant la première partie du concert. Je suis sûr qu'elle obtiendra un succès foudroyant.

— Ah! monsieur le comte, murmura la jeune fille.

— Je fais parfaitement la part de votre modestie, mademoiselle; mais je suis sûr de vous. Dans deux heures votre nom sera dans toutes les bouches.

IV

Apparition d'une étoile que M. Leverrier n'aurait pas découverte.

Le jeune homme, auquel le comte de Warrens avait fait signe de s'éloigner, revenait alors donnant le bras à une femme, jeune encore, dont le sourire aimable n'excluait pas un certain air de tête que tous les artistes de grand talent possèdent.

Cette assurance méritée dénote l'habitude des bravos et des applaudissements.

Cette femme était Mme Cinti-Damoreau, l'illustre cantatrice.

Peu de temps auparavant, elle avait eu le courage, rare parmi les chanteurs aimés du public, de quitter la scène, à l'apogée de sa réputation.

La duchesse de Vérone fit pour Mme Cinti-Damoreau ce qu'elle n'avait encore fait pour aucun de ses invités.

Elle s'avança vers elle, la prit par la main et l'obligea gracieusement à s'asseoir à son côté.

Le concert allait commencer.

La grande dame et la grande artiste causèrent à voix basse pendant quelques instants.

Au bout de ce court entretien, Mme Cinti-Damoreau fit un geste d'assentiment, tout en lançant à la dérobée un regard curieux et presque affectueux à la jeune fille, qui rougissait, sentant qu'il était question d'elle entre les deux femmes.

Les invités affluaient dans la salle du concert.

Masquées, costumées, ou seulement en robes de bal, les dames occupaient les chaises et les banquettes d'un immense salon octogone.

Les hommes se tenaient dans les nombreuses embrasures des portes ou dans les bas côtés des murs latéraux faisant suite à l'estrade apprêtée pour les artistes et les exécutants.

Ce salon octogone, une des merveilles de l'hôtel de Warrens, mérite une description particulière.

Huit lustres de Venise y répandaient une lumière tamisée.

Le plafond, peint par Delacroix, représentait le supplice de Marsyas; chaque dessus de porte, un faune et une dryade, un satyre et une nymphe, cherchant par leurs supplications à arrêter la vengeance d'Apollon, le Dieu du Jour et de la Musique.

Tous les lambris, en mosaïque digne de Pompéi, surmontaient des panneaux signés Corot, Decamps, Jules Dupré et Gudin.

Cette salle de concert, d'un goût sévère, faisait un contraste frappant avec la suite de salons blanc et or, par lesquels il fallait passer pour y parvenir.

Nous l'avons dit : un certain nombre d'artistes, l'élite des peintres, littérateurs et musiciens, avaient été invités par le comte de Warrens.

On n'avait donc point à s'étonner de voir au premier rang des curieux les directeurs de nos grandes scènes lyriques, l'Opéra, les Italiens et l'Opéra-Comique.

Au moment où le comte, traversant la foule, parut donnant le bras à Mme Cinti-Damoreau, qu'il était allé chercher près de la duchesse de Vérone, et qu'il conduisit jusqu'à l'estrade, où Ponchard, un grand chanteur d'opéra-comique, l'attendait, un silence respectueux se fit; puis les deux illustres virtuoses commencèrent un duo de l'*Ambassadrice*.

Inutile de constater les transports d'enthousiasme qui les accueillirent tous deux.

Chacun le sait, il était possible d'avoir plus de voix que ces deux rossignols retraités, impossible de chanter avec plus de goût et de méthode.

Après le duo de l'*Ambassadrice*, vint l'air de *Joseph* :

Vainement Pharaon, dans sa reconnaissance,

chanté par Ponchard,.

Et l'air du *Domino noir* :

Une fée, un bon ange...

exécuté par Mme Cinti-Damoreau.

En disant cette adorable inspiration d'Auber, la grande cantatrice mit dans sa voix tant de puissance de sentiment, tant d'intelligence pleine d'actualité, que ce fut un frémissement d'émotion dans la salle.

Ce fut surtout dans le groupe formé par la duchesse de Vérone et sa protégée, que l'effet se produisit le plus clairement.

Cette dernière pleurait, et pressant le bras de sa protectrice.

— Ah! madame! madame! que c'est beau! murmurait-elle attendrie; jamais on n'a si bien chanté. Cela fait tout oublier!

— N'oubliez pas, répliqua la duchesse en souriant doucement, n'oubliez pas, chère enfant, que votre tour va bientôt venir.

— Oh! je n'oserai jamais.

— Calmez-vous, et ayez confiance. Vous avez

un grand talent aussi, et une voix... plus jeune...
Et puis, ne craignez rien, vous serez bien soutenue... Attendez, et remettez-vous.

Ponchard et Mme Cinti-Damoreau venaient de se retirer au milieu d'un tonnerre d'applaudissements.

Après un quart d'heure de piano, que Listz remplit de ses inspirations poétiques et pleines de maëstria, apparurent sur l'estrade Lablache et Ronconi, qui, avec Mario et Giulia Grisi, faisaient alors les beaux jours, c'est-à-dire les beaux soirs des Italiens.

Ils enlevèrent, avec leur succès ordinaire, le duo des *Puritains,* qui commence par :

Il rival salvar tu puoi...

Et qui finit par l'héroïque ensemble :

Suoni la tromba, e impavido
Jo pugnero da forte...

Puis, comme les artistes qui les avaient précédés, ils vinrent s'asseoir parmi les spectateurs.

On le sentait, malgré toutes les splendeurs musicales offertes à ce public d'élite, l'élément de curiosité, l'attrait principal de la soirée se faisait désirer.

Aussi, lorsque la duchesse de Vérone se leva, prenant par la main sa protégée, qui tremblait comme la feuille secouée par une brise d'automne, lui fit rejoindre Mario, sur l'estrade, ce fut un murmure de curiosité pleine d'intérêt.

On pressentait là plus qu'un début insignifiant.

Chacun comprit que de cette épreuve solennelle dépendait l'avenir, la vie d'artiste de cette jeune fille timide et haletante de frayeur.

Tomber sous le ridicule, ou aller aux étoiles sous les yeux du Paris artistique, du Paris financier, du Paris aristocratique, là était la question, question de vie ou de mort, tout simplement.

Mario, en gentilhomme qu'il était, fit plusieurs pas au devant de la pauvre enfant, s'inclina devant elle et la rassura en quelques mots.

Peu d'instants après, le talent de la cantatrice ayant pris le dessus sur les défaillances de la débutante, ils firent entendre les premières notes du duo de *Lucie*.

Ce fut un enchantement.

La voix suave, argentine du ténor italien se fondant dans un organe jeune, vibrant, sonore, ravit tous les cœurs. La salle se leva tout entière.

Vieillards, jeunes gens, femmes coquettes et femmes honnêtes, public nouveau, public blasé, amateurs et indifférents, juges ou parties, artistes et directeurs, tous criaient au miracle.

Ce n'était pas un succès ; c'était un délire, une folie, une rage d'enthousiasme.

Accablée sous les bravos, chancelante sous son

triomphe, la jeune cantatrice disparut sous les fleurs qui inondaient le tapis de l'estrade.

Depuis la Malibran, on n'avait rien entendu de comparable.

Le concert était fini.

Parmi les admirateurs, trois des plus forcenés étaient les directeurs des Italiens et de l'Opéra et le baron de Kirschmark.

Les deux premiers se regardaient l'un l'autre avec méfiance et jalousie, tout en chantant les louanges de la nouvelle étoile à la duchesse, ravie de cette immense réussite.

Le dernier venait de prendre le comte de Warrens à part, et lui serrant les mains à les lui briser, s'écriait sur tous les tons :

— Elle est adorable! c'est un bijou! c'est un écrin! c'est une mine de diamants! Cela vaut son pesant d'or.

— Cela est honnête et de bonne famille, mon cher baron. Vous êtes veuf, je crois?

— Je crois que oui, aussi.

— Eh bien?

— Eh bien, quoi?

— Epousez-la, fit le comte en riant.

— J'y penserai, répondit sérieusement Kirschmark, j'y penserai cette nuit.

Le baron de Kirschmark possédait un léger accent tudesque qui, sans lui faire baragouiner le charabia impossible du baron de Nucingen, de

Balzac, ne laissait pas de lui donner une certaine ressemblance avec un bottier de grande maison.

Cela, au détriment de ses millions inconnus.

Désirant déposer le tribut de ses hommages aux pieds de l'heureuse jeune fille, il cherchait à se frayer un passage à travers la foule qui s'écoulait dans les galeries avoisinantes; mais au moment où il touchait au but, l'objet de son admiration disparut.

La duchesse venait de l'emmener pour la soustraire à une ovation trop prolongée.

Peut-être aussi parce qu'elle avait remarqué le travail de circonvallation du baron.

Toujours est-il qu'il arriva juste à temps pour voir se refermer, sur les robes de ces dames, une porte dérobée, cachée à tous les yeux par une lourde tapisserie des Gobelins.

Cette tapisserie avait pour sujet Vulcain surprenant Mars et Vénus et les enfermant dans un filet forgé de ses propres mains.

Et voyez le hasard!

L'habile ouvrier qui avait tissé, brodé ce chef-d'œuvre a donné à son dieu boiteux les traits et l'encolure de notre baron désappointé.

Nos lecteurs ont reconnu en même temps que nous, dans la duchesse de Vérone, dans la jeune fille et dans le jeune homme qui se tenait toujours à l'affût derrière elle, les deux femmes et le jeune homme du marché aux chevaux.

La jeune fille s'appelait Thérèse. Pas de nom de famille.

Le jeune homme, Olivier Maskar ; il était secrétaire de la duchesse de Vérone.

Pendant que tous ces personnages se séparaient, se dispersaient, pour se rendre les uns dans un salon de jeu, les autres dans un boudoir isolé, ceux-ci dans les galeries réservées aux masques, ceux-là dans le salon de danse, un huissier tenant deux manteaux vénitiens, noirs et courts, et deux masques à longue barbe, s'approcha de deux hommes qui causaient à l'entrée de la galerie des masques,

Ces deux hommes étaient le comte de Warrens et un employé supérieur de la police. Le comte remerciait ce monsieur d'avoir bien voulu assister à sa petite fête. Celui-ci lui faisait tous ses compliments sur la magnificence de sa réception.

— Que voulez-vous, mon ami? demanda le comte à l'huissier.

— Monsieur le comte a ordonné de ne laisser pénétrer personne dans ces salons, sans masque et sans costume.

— C'est vrai, dit le comte en souriant. Il faut que je me déguise, c'est la loi.

— Et je suis convaincu, fit l'employé supérieur, qui ne se croyait pas connu pour ce qu'il était, avec un accent de bonhomie parfaitement joué, je suis convaincu, comte, que cela ne vous gênera pas beaucoup.

— Dame ! voyez, répliqua le comte de Warrens, qui venait de s'encapuchonner et de se masquer, en tournant sur ses talons. On dirait que je suis né en pleines lagunes, du quinzième au seizième siècle. Le cœur vous en dit-il, cher monsieur ?

— Ce que vous ferez ce soir, je le ferai comme vous, cher comte, reprit son interlocuteur, qui se masqua aussi.

— Je vous plains, alors, du fond de mon âme.

— Pourquoi ?

— Parce que je suis maître de maison et qu'il est de mon devoir de ne pas m'amuser autant que mes invités.

— Est-ce pour qu'on vous reconnaisse que vous mettez ce nœud rose à votre épaule gauche ?

— Sans doute ; mais mon intendant seul et deux de mes gens savent ce détail. Je vous supplie en grâce de ne pas me trahir.

— Je vous promets de profiter seul de cette découverte, dit-il en riant.

— Mille grâces !

— A propos, votre intendant, n'est-ce pas un M. Karl Schinner ?

— C'est cela même.

— Un charmant homme !

— Un honnête homme surtout, répondit gravement le comte.

Un quart d'heure après, l'employé supérieur de la préfecture de police, attaqué par un adorable petit domino, dansait en face d'une esclave grecque ayant pour cavalier un masque au manteau vénitien et au nœud rose sur l'épaule gauche.

Rien n'empêchait ce rancunier et haut fonctionnaire de croire qu'il avait pour vis-à-vis, dans le porteur de ce nœud rose, le maître de céans, son ennemi intime, le comte de Warrens.

V

Ce que peut cacher un manteau vénitien.

C'était le plus beau moment de la fête donnée par le comte de Warrens.

A l'extrémité du jardin d'hiver se trouvait un kiosque, si bien dissimulé par les massifs de verdure et les bosquets touffus, qu'un promeneur indifférent aurait passé et repassé plusieurs fois autour de lui sans en soupçonner l'existence.

Ce kiosque et le jardin d'hiver occupaient le milieu du parc.

Il se composait d'un rez-de-chaussée.

A la porte de ce rez-de-chaussée se tenait un personnage en costume de magicien, lequel laissa entrer successivement sept dominos, qui lui donnèrent tous les sept le même mot d'ordre.

Puis, le septième entré, il referma la porte, traîna un lourd sofa qu'il mit en travers, et s'étendit sur ce sofa.

Les sept dominos se trouvaient réunis dans une salle aux tentures sombres, dont la simplicité austère et l'isolement constrastaient, sous tous les rapports, avec les galeries bruyantes et resplendissantes de lumières du corps de logis principal.

Cette salle était assurément une retraite, un lieu d'asile pour certains priviligiés de la maison.

L'orchestre lançait au loin ses valses les plus entraînantes, ses harmonies les plus retentissantes.

Fleurs, parfums, lumières, faisaient un Eden nocturne de cette longue suite de salons merveilleux d'élégance et de richesse.

Pourquoi ces sept dominos avaient-ils fui la joie générale ?

Pourquoi s'étaient-ils glissés, rapides, silencieux, parmi ces deux mille chercheurs de plaisirs ?

Quel motif puissant les obligeait à se parler d'une voix contenue, mesurée, une fois qu'ils s'étaient mis à l'abri des indiscrets et des curieux, dans ce pavillon isolé ?

Que craignaient-ils ?

A chaque instant leurs yeux se tournaient machinalement vers la seule porte donnant accès dans la salle où ils se trouvaient.

Un moment même leurs conversations à voix basse s'arrêtèrent.

On venait de frapper à la porte du kiosque.

On entendit le gardien se lever, déranger le meuble placé par lui devant la porte, ouvrir, donner une réplique et recevoir une réponse.

Quelqu'un entra.

La porte se referma sur le nouveau venu.

Les premiers arrivés se levèrent tous à l'aspect d'un domino bleu qui, étendant vers eux sa main droite, leur montra un anneau sur la pierre duquel étaient gravées les armes de la maison de Warrens, avec la vieille devise au bas : *Varia ense; Tout par l'épée..*

Ce domino bleu était le président de l'association dont les sept dominos noirs faisaient partie.

— Toutes mes précautions sont prises, messieurs, dit-il, nous n'avons à craindre ni interruption, ni indiscrétion.

Et du geste, il les invita à se rasseoir.

Les masques obéirent.

Seul, le domino bleu demeura debout au milieu du salon.

La demie après trois heures sonna.

— Messieurs, reprit le président, vous êtes exacts, et je vous remercie de votre exactitude. Chacune de nos séances annuelles, chacune de nos réunions préparatoires, quelque petit que soit le nombre des membres qui y assistent, est d'un concours puissant pour l'assemblée générale, qui tient ses assises tous les cinq ans. D'ici à longtemps peut-être, nous ne nous retrouverons pas ensemble, ou bien, si l'heure sonne d'une réunion nouvelle, combien de nous manqueront au rendez-vous? Combien de nous, tombés sur la brèche, écrasés dans cette lutte incessante soutenue au nom du progrès contre l'obscurantisme, l'ignorance, la routine et tous les maux horribles qui en découlent?

Un murmure approbatif interrompit l'orateur.

— Avant d'établir le bilan des grandes choses accomplies par nous et les nôtres depuis quatre ans, laissez-moi rappeler en quelques mots l'origine de notre société, si puissante aujourd'hui, puisqu'elle embrasse le monde entier de ses innombrables réseaux, si humble, si faible même dans ses commencements. Nous avons parmi nous deux nouveaux adeptes, c'est pour eux que je désire parler.

Ici — sans qu'il fût besoin de leur en faire la demande — deux dominos se démasquèrent et offrirent aux yeux des six autres les visages loyaux et fiers du baron d'Entragues et du vicomte de Rioban, les deux témoins de M. le comte de Mauclerc, qui, par la force des choses, s'étaient vus obligés de devenir ses adversaires.

Le domino bleu se tourna vers eux.

— Messieurs, dit-il, nous sommes touchés,

nous sommes fiers de votre confiance. Mais ce que dans votre courage et dans votre loyauté vous avez cru devoir faire, nos statuts nous le défendent. Le président et une autre personne seule dont il n'est point encore temps de parler, ont le droit de connaître le visage et le nom de chaque initié. Remettez donc vos masques et ne vous étonnez pas que ces messieurs gardent les leurs.

D'Entragues et Rioban remirent leurs masques.

— Parlez, fit-on au domino bleu.

Le domino bleu s'inclina, et, étendant le bras vers la pendule qui surmontait un piédouche en chêne noir comme tous les meubles de ce pavillon, il s'exprima ainsi :

— Il y a plus d'un demi-siècle, dans la nuit du 22 au 23 février 1767, à trois heures et demie du matin, cinq hommes, dont plusieurs se connaissaient à peine, se rencontrèrent au seuil d'une misérable hutte, construite par des trappeurs français, sur la lisière d'un défrichement américain.

Ignorés de leurs concitoyens, sortis à peine de leur obscurité primitive, ces hommes devaient léguer, chacun de son côté, un nom immortel à la postérité.

Ils se nommaient :

Georges Washington ;

Benjamin Frankin ;

Thaddée Kosciusko ;

Caritat, marquis de Condorcet ;

Donatien de Vimeur, marquis de Rochambeau.

Kosciusko et Condorcet sortaient à peine de pages.

Le premier avait vingt et un ans, le second vingt-quatre.

Des trois autres, deux, Washington et Rochambeau, dans toute la force de l'âge, s'inclinaient devant la science et la conscience du grand Franklin.

Ce dernier, âgé de soixante et un ans, portait aussi vertement sa vieillesse naissante que le souvenir de ses soixante années de vertus. Malgré ses cheveux blancs comme les neiges de l'Hymalaya, et les rides profondes creusées par l'étude et par la pensée sur son large front, l'homme tenait encore bon chez lui. Ses yeux brillaient toujours du feu clair et pénétrant de la jeunesse, ses membres n'avaient rien perdu de leur force et de leur élasticité.

On atteignait les mauvais jours du dix-huitième siècle ; les honteuses orgies de la Régence, surpassées par les débauches de Louis XV, comblaient la mesure. Le vieil édifice monarchique, miné de toutes parts, menaçait ruine. L'univers entier était en gestation. Des grondements souterrains annonçaient l'irruption prochaine des colères populaires et nationales, de la justice humanitaire et universelle

Le vieux monde du moyen âge, entamé par Louis XI, démantelé par Richelieu, absorbé par Louis XIV au profit de son orgueil, et désorganisé par Louis XV au profit de ses vices, craquait, croulait de toutes parts. La marée terrible montait, montait encore, montait toujours ; le peuple allait paraître à la surface, surnager, naître à la vie de l'intelligence, toucher terre, prendre pied et créer la société moderne.

L'heure juste approchait où le principe des nationalités allait se faire reconnaître, où la solidarité humaine allait s'établir sur des bases indestructibles.

« Après nous le déluge ! » avait dit la marquise de Pompadour. « La machine durera toujours autant que moi, » répétait sans cesse le roi Louis XV, *le Bien-Aimé*, entre un éclat de rire à l'adresse de son bon peuple français et une caresse à l'adresse de Cotillon III. Et cela aussi bien dans le palais de Versailles, où personne ne gouvernait, que dans le pavillon de Luciennes, dont il avait nommé le nègre Zamore gouverneur.

« La France allait gaiement au diable, » selon le mot cyniquement vrai de Voltaire, et l'Europe la suivait en chantant.

Plus grands encore par le cœur que par le génie, les cinq hommes dont nous parlons avaient suivi d'un regard anxieux la marche rapide du mal. Ils avaient frémi à la vue de cette démoralisation générale qui menaçait d'engloutir à jamais l'humanité tout entière sous le lourd linceul de la barbarie ; ils s'étaient sentis pris d'une immense pitié à la vue des misères effroyables engendrées par un despotisme sans bornes et qui étalaient devant eux leur lèpre hideuse.

Ils avaient juré de sauver tous ces peuples courbés sous un joug odieux, en les faisant libres d'abord et ensuite en les instruisant à la fraternité et à la solidarité humaine.

Ils étaient pauvres, isolés, inconnus ; cependant tout en reconnaissant les difficultés presque insurmontables de leur mission sublime, ils n'hésitèrent pas à la remplir.

Ils savaient que Dieu marchait avec eux, qu'il les soutiendrait et les ferait vaincre.

Voilà comment le 22 février 1767, à trois heures et demie du matin, ces cinq hommes, plus grands que les Harmodius et les Aristogiton d'Athènes, que le Brutus de Rome, que les Guillaume Tell et les Meltchtal de la Suisse, car ce n'était pas un petit peuple mais la famille humaine qu'ils prétendaient régénérer — se trouvaient réunis dans une pauvre hutte abandonnée, sur la lisière d'un défrichement américain.

Là, loin de tous regards profanes, dans le silence de la nuit, à la face du Dieu qui rayonne dans les hautes latitudes du désert, forts parce qu'ils avaient la foi qui renverse les plus grands obstacles, ils posèrent les bases de cette société des *Invisibles*, conspiration permanente contre l'obscurantisme et l'esclavage, appelée à renouveler le monde, d'après les principes de la solidarité humaine.

Puis, au lever du soleil, le devoir qu'ils s'étaient imposé rempli, ces cinq hommes se serrèrent une dernière fois la main sur le seuil de cette hutte ignorée, et ils se séparèrent pour ne plus se revoir que bien longtemps après.

Et l'œuvre gigantesque commença.

Elle commença partout à la fois, en Europe comme en Asie, en Afrique comme en Amérique, sans que ces apôtres de la pensée s'arrêtassent un seul instant.

Aujourd'hui le monde qu'ils avaient rêvé se trouve fondé.

Les peuples ont ouvert les yeux à la lumière, le progrès est né; nulle puissance ne pourrait maintenant arrêter son essor.

N'oublions pas, messieurs, le point obscur d'où nous sommes partis.

Ayons toujours devant nous le but lumineux que nous voulons atteindre pour le bien de l'humanité.

Ici, le bruit de la fête, les accents du bal, dont la joie et l'ivresse allaient croissant, pénétrèrent jusqu'au cœur de ce petit réduit isolé; l'orateur s'arrêta comme pour laisser passer cette bourrasque de gaietés qui venait se jeter au travers des grands et nobles souvenirs des principes évoqués par sa parole vibrante et sympathique.

Il avait tellement captivé son auditoire, que de

ces cœurs émus, de ces lèvres prêtes aux plus violents transports d'admiration, il ne s'échappa ni un mot, ni un murmure.

On attendit.

Au bout de quelques instants, il reprit :

— Redoublons de prudence, messieurs ; la trahison s'est glissée dans nos rangs. Elle fait mieux, elle nous enveloppe. De faux frères, gagnés par nos ennemis, ont parlé. Cette nuit même, plusieurs d'entre vous le savent déjà, deux condamnations terribles, ordonnées par le conseil des chefs, ont été exécutées. Je ne parlerai pas de la première, ce n'est que l'histoire banale d'un misérable perdu de vices, vendant pour une somme plus ou moins forte ce qui lui restait d'honneur.

Un cri d'indignation jaillit de toutes les lèvres.

— Heureusement les projets de ce traître se sont vus déjoués, continua le président. Il est mort frappé dans un duel loyal par un de nos frères tout nouvellement reçu parmi nous. Nous remercions ce frère au nom de l'association, quoiqu'il n'ait fait que strictement son devoir. Mais un fait plus grave s'est produit. Il a exigé une répression immédiate.

Le chef principal, le chef suprême de notre société, celui que nous-mêmes nous surnommons l'*Invisible*, nul de nous ne l'ayant vu ni ne le connaissant, l'Invisible devait assister à cette séance. La nouvelle m'en avait été envoyée ces jours derniers. Il arrivait d'Amérique dans le but de nous faire une communication de la plus haute importance.

Ce soir, à six heures, l'Invisible a été arrêté, retenu par l'ordre du gouvernement espagnol, qui le garde prisonnier à *Irun*.

On le surveillait depuis douze jours qu'il était débarqué au *Passage*.

Notre chef mis dans l'impossibilité d'agir, un espion, expédié en son lieu et place, devait se présenter à la réunion, surprendre nos secrets, nous envelopper tous dans un coup de filet immense, nous livrer et ruiner une grande partie de nos projets.

Cet espion, suivi par un des nôtres depuis la frontière d'Espagne, est arrivé à minuit et quart à Paris. A minuit et demi, justice était faite!

Nous sommes donc encore une fois hors de péril.

Mais le but de notre réunion ne sera pas atteint, puisque celui qui devait nous apporter certains renseignements indispensables ne peut venir. A quatre heures sonnantes, notre chef devait faire son entrée dans cette salle. C'est l'heure, et, vous le voyez, sa place est vide parmi nous.

En effet, quatre heures sonnaient.

Tous les regards des initiés s'étaient tournés vers la pendule ; leurs yeux, étincelants à travers les trous de leurs masques, se fixèrent sur le cadran.

Chaque vibration du timbre avait un écho sinistre dans la poitrine de ces hommes si douloureusement affectés.

A peine la dernière vibration venait-elle de s'éteindre, que trois coups secs, espacés, résonnèrent contre la cloison à laquelle le président tournait le dos.

Un frisson de surprise, un sentiment d'effroi courut dans l'assemblée.

— Qu'est ceci? fit le président, serait-ce une trahison nouvelle?

Trois coups, frappés une seconde fois contre la même cloison, lui répondirent.

Puis un léger craquement se fit entendre : une partie de la cloison, se détachant, glissa silencieusement dans une rainure, et dans l'espace resté libre, sur le seuil de cette porte improvisée, apparut un domino noir, dont les yeux, brillant comme des charbons ardents à travers les trous de son masque, forcèrent tous les assistants à s'incliner et à baisser la tête.

L'inconnu fit deux pas en avant.

Derrière lui la cloison reprit sa place.

— Il est quatre heures. Me voici! dit-il en s'avançant jusqu'au milieu du salon, tout auprès du président.

Il demeura immobile, la tête haute et les bras croisés.

Les affiliés semblaient frappés de stupeur.

Il y avait tant de dignité, tant de hauteur dans

le peu de mots prononcés par le domino noir, que pas un d'entre eux ne songea à se révolter.

Seul, le président alla vers lui et, étendant la main comme pour le saisir, s'écria :

— Avant tout, il faut...

L'autre l'interrompit avec l'autorité d'un maître qui parle à son élève.

— J'étais là!... j'ai tout entendu! Et du doigt il désignait la partie de la cloison qui lui avait livré passage. Mon cœur a tressailli d'aise au discours généreux qui a été prononcé dans cette enceinte. Une cause possédant des adeptes comme vous, messieurs, est certaine du succès.

— Mais... répliqua le président...

— Silence! fit le domino noir avec un geste d'une majesté suprême, moi seul j'ai le droit et le pouvoir de parler ici. Tous, vous devez vous taire en ma présence. Ne me répondez que si je vous interroge.

Les affiliés regardèrent leur président.

Malgré l'inquiétude qui le dévorait, quelque grande responsabilité qui lui incombât, les paroles prononcées par l'inconnu, avec un léger accent étranger, avaient une telle puissance, que le président se tut une seconde fois.

Si grande était l'influence magnétique exercée par ce personnage inconnu sur tout ce qui l'approchait, que ces hommes, doués d'une énergie à toute épreuve, ne songèrent même pas à une résistance, à une révolte impossible.

— Vos renseignements étaient faux, ajouta-t-il de sa voix calme et reposée. Et voici ce qui vous a induits en erreur. L'*Invisible*, ou plutôt les Invisibles, ses sosies — il y en avait trois sachant ce qui devait arriver, — se sont vu arrêter, l'un à Strasbourg, le second à Douvres, le troisième à Irun. La police de nos ennemis est bien faite, mais la nôtre, vaut mieux. Nous ne payons pas nos agents avec de l'or, nous autres ; nous les payons avec la satisfaction du devoir accompli, avec le droit de se dévouer de nouveau à une cause sainte. Aussi sommes-nous bien servis. — Écoutez bien ceci : Le traître expédié par le gouvernement espagnol, c'est moi !

— Vous ! s'écria le président.

— Je ne vous ai pas encore interrogé, monsieur, fit hautainement le domino noir.

Mais à sa déclaration si nette, si clairement accentuée, un frémissement de colère parcourut les rangs des conjurés. Ils oublièrent leur faiblesse instantanée, et comme des lions du désert qui rougissent de s'être laissé dompter par la volonté d'un homme, ils firent tous un geste comme pour s'élancer sur l'imprudent qui venait si froidement les braver.

Bien des mains avaient saisi des armes habilement dissimulées dans les plis de leurs larges vêtements.

L'inconnu demeura impassible.

Mais le président, se jetant vivement au devant de lui comme pour lui faire un bouclier de son corps, cria :

— Arrêtez !

Puis se tournant vers celui qu'il défendait :

— Je vous supplie, monsieur, de me permettre de vous demander qui vous êtes réellement ?

— Vous êtes un brave cœur, et je ne vous laisserai pas plus longtemps dans l'indécision. Je suis celui que vous attendiez. Je suis l'*Invisible*, et pourtant j'ai dit vrai en vous annonçant que vous voyiez en moi l'espion du gouvernement espagnol. Je vous expliquerai cela plus tard. Pour le moment, qu'il vous suffise de savoir ceci : Suivi, depuis Irun, par un membre de notre société, qui me prenait pour le traître en question, il m'a fallu m'adjoindre un de mes affidés subalternes entre Villejuif et la barrière de Fontainebleau. Cet homme m'a escorté et m'a conduit ici, au péril de sa vie. Je ne parle pas des dangers que j'ai courus moi-même ; ils importent peu, puisque me voici. Un seul d'entre vous sait à quel signe on doit me reconnaître aujourd'hui. Quel est-il ?

— Oui, répondit le président, ce signe m'a été communiqué il y a deux jours. Vous ne l'ignorez pas, chaque fois que le chef suprême vient présider l'assemblée d'une *province* ; ce signe change.

— C'est bien, dit le domino noir. Cette nuit, l'*Invisible* doit présider la *Province de France*, Quel signe a-t-il adopté ?

— Quel signe ? dit le président.

— Oui, parlez !

— Je ne sais si je puis...

— Je le veux ! il faut que la lumière se fasse... il faut que les doutes s'évanouissent !... Ce signe, je vous autorise à le révéler. Vous seul et moi nous le connaissons..... Quel est-il ?

— Ordonnez, je parlerai.

— J'ordonne, parlez !

— Parlez ! parlez ! firent tous les affiliés, résolus à savoir si c'était bien là leur chef ou un aventurier audacieux venu pour les braver et surprendre le secret de leurs noms et de leurs visages.

— Songez, monsieur, qu'une fois que j'aurai parlé, si vous n'êtes pas celui que je crois, vous devez vous considérer comme un homme mort.

— Vous perdez un temps précieux, dit froidement l'inconnu.

— Soit. Pour la réunion de cette nuit le chef suprême a adopté le signe suivant :

Une croix de Malte à cinq branches.

Chaque branche doit avoir une lettre majuscule avec un chiffre arabe, dans l'ordre que voici :

Celle du haut, un W avec le chiffre 5 au dessous;

La seconde branche, un F et un 8;

La troisième, un C et un 4;

La quatrième, un K et un 1;

La cinquième, un R et un 7;

Dans le centre de la croix, quatre lettres, F. B. surmontant F. I.

— Bien. Dites maintenant ce que signifient ces lettres et ces chiffres, ainsi disposés.

— Encore cela?

— Oui. Il le faut. Je le veux.

— J'obéis. Les cinq lettres signifient :

>Washington,
>Franklin,
>Condorcet,
>Kosciuszko,
>Rochambeau.

Le chiffre 5 représente le nombre des fondateurs de la société. 8, 4, 1 et 7 sont les chiffres transposés de l'année 1847, millésime de l'année où nous vivons. Enfin les quatre lettres F. P. F. I., placées dans le centre de la croix, ont pour signification :

>France,
>Paris,
>Février,
>Invisible.

— Est-ce bien tout? N'avez-vous rien oublié?
— C'est tout. Je n'ai rien oublié.
— Vous avez religieusement tenu le serment de ne révéler à personne le secret que vous venez de révéler ici ?
— Je le jure sur mon salut éternel.
— Ainsi, vous en convenez, l'homme qui vous présentera ce signe de reconnaissance sera bien réellement le chef que vous attendez ?
— Oui, si, le signe une fois présenté, il ajoute certaines paroles que lui et moi nous savons seuls.
— Ces mots ne forment qu'une réponse.
— Il est vrai.
— Eh bien! regardez d'abord.

D'un geste plus rapide que la pensée, celui qui venait de parler écarta son domino et découvrit sa poitrine.

Sur cette poitrine étincelait une plaque en diamants.

— C'est lui ! c'est lui ! s'écrièrent les Invisibles.
— Attendez, dit froidement leur chef en refermant son domino, toutes les formalités ne sont pas encore remplies.

Alors, se tournant vers le président, qui attendait dans une attitude respectueuse.

— Vous avez une question à m'adresser, ajouta-t-il.

— En effet, maître, j'ai à vous demander au nom de qui vous venez vers nous.

— Je viens, dit celui qu'on venait d'appeler le maître, le chef, l'Invisible, je viens au nom du Christ, mort sur la croix, il y a plus de dix-huit cents ans, pour la rédemption et pour l'émancipation du genre humain. Je viens au nom du Christ, dont on a faussé le verbe sacré. Mes frères, me reconnaissez-vous?

— Maître ; répondit en s'inclinant le président, vous êtes celui que nous n'espérions plus voir cette nuit. Vous tenez dans vos mains la vie et la volonté de chacun de nous. Marchez, nous vous suivrons. Parlez, nous écouterons. Ordonnez, nous obéirons.

VI

L'Invisible.

A cette déclaration spontanée de leur président, les sept membres présents de l'association ne purent retenir leurs exclamations joyeuses.

La question était nettement tranchée en faveur de ce nouveau venu, dont on menaçait les jours peu d'instants auparavant.

Enfin il se trouvait au milieu d'eux, ce chef depuis si longtemps attendu !

L'heure suprême de la lutte allait sonner, lutte qu'ils appelaient de tous leurs vœux.

Ils voyaient déjà le progrès, cet aigle gigantesque, ouvrir ses larges ailes au grand jour et fondre, dans son essor irrésistible, sur l'ignorantisme, lâche vautour qui ne travaille que la nuit.

A l'envi l'un de l'autre, ils se pressaient autour du maître.

Plus ils avaient résisté, plus ils se courbaient devant l'auréole de son génie.

Ils se disaient :

— Le voilà donc, celui dont la haute intelligence, dont le cœur généreux dont la voix de tous les Invisibles ont fait le général de l'armée la plus redoutable! Devant lui les distinctions de rangs, de fortune, de nom s'effacent. Les castes les plus hautes comme les plus basses lui fournissent des soldats. Il jette un cri : Humanité, en avant! et ce cri le crée père de tous ceux qui souffrent, quelle que soit la race ou la nation à laquelle ils appartiennent! A sa venue, en sa présence, à sa vue, la société moderne espère et respire. Son influence se fait sentir et rayonne partout. Et pourtant, pas un seul de ses partisans, de ses frères, de ses séides ne sait ni qui il est, ni quels moyens il emploie pour toucher à son but glorieux. Le voilà! c'est le chef! c'est l'*Invisible!*

Et c'était à ce qui s'approcherait de lui ; c'était à qui l'assurerait d'un dévouement à toute épreuve.

Le président, le premier, cherchait à lui faire oublier ses doutes, ses hésitations, son interrogatoire trop prolongé.

Le chef laissa se calmer l'élan de ses adeptes, puis, prenant et serrant la main du président.

— Vous n'avez point à vous excuser, lui dit-il, vous n'avez fait que strictement votre devoir. Nous vivons dans un moment, nous nous trouvons dans des circonstances qui exigent un redoublement de prudence. Je vous aurais blâmé de ne pas avoir pris les précautions nécessaires. Je suis heureux de voir que vous vous tenez sur vos gardes. Et cependant, si la fatalité m'avait arrêté en chemin, avant une heure, malgré votre vigilance, vous seriez tombés, tous huit, entre les mains d'un ennemi implacable. Vous étiez tous perdus !

— Perdus ! firent plusieurs voix.

A un geste de l'Invisible le calme se rétablit aussi vite qu'on venait de le rompre.

— Oui ! perdus ! vous le reconnaîtrez tout à l'heure. Souvenez-vous-en, messieurs, nous sommes les *Invisibles*, non-seulement pour les hommes qui vivent en dehors de notre association, mais aussi pour nous-mêmes. Peu d'entre nous se connaissent et ceux qui se connaissent appartiennent aux classes inférieures ou aux classes nouvelles. Vous, qui vous trouvez réunis dans cette salle, chefs de *départements* et de *communes*, si vos masques tombaient, vous seriez certes bien étonnés. Vous vous demanderiez comment plusieurs d'entre vous figurent parmi les invités d'un homme qui ignore leur présence dans son hôtel, et qui, s'il le savait, serait bien effrayé de les y voir.

— Nous répondons du comte de Warrens, corps pour corps, fit une voix.

— Cette ignorance complète, répliqua le Maître sans avoir l'air de s'être aperçu de cette interruption, cette ignorance fait notre force. Ne craignez ni traîtres tortueux, ni espions lancés à vos trousses. Vos rangs peuvent s'ouvrir par ruse ou par mégarde, on effleurera parfois le corps de notre Société, on ne parviendra jamais jusqu'à son âme. Vos prédécesseurs, vos aînés et vous-mêmes, guidés par une foi ardente, reliés en faisceau entre les mains d'un chef, toujours jeune, toujours puissant, qui n'a eu de confident que le chef élu avant lui, sans alliés ni conseillers intéressés autres que son futur successeur, vous avez été invincibles, vous le serez toujours. Aujourd'hui, ce chef, c'est moi. Tant que vous exécuterez mes ordres, les yeux fermés, sans hésitation, sans discussion, je réponds de vous et de la chose publique. Tant que, seul, je connaîtrai vos noms, vôtre passé, vos espérances, il me sera facile de vous employer selon vos moyens. Obéissance et silence ! avec ces deux mots pour devise, l'association triomphera. Rien ne viendra déranger des combinaisons aux racines centenaires, des projets qui semblent irréalisables ; rien ne s'opposera au succès de notre œuvre.

Ici, l'orateur s'interrompit, réclama le silence de

l'assistance par un geste expressif, écouta attentivement si nul bruit du dehors ne frappait son oreille, puis, n'entendant rien, il reprit :

— Je tiens donc pour juste votre sévérité à l'égard d'un inconnu. Veillez, veillez, c'est votre droit, c'est votre devoir. Si, sentinelle négligente ou endormie, l'un de vous laisse l'ennemi pénétrer dans notre camp, ce peut être la ruine de toutes nos espérances. Soyez aussi implacables pour les traîtres que vigilants. Maintenant, laissons ce sujet, et venons-en aux motifs de notre réunion improvisée. Il nous reste trois quarts d'heure ; ce n'est qu'à cinq heures précises que les agents de la police secrète doivent nous entourer, pénétrer céans, nous surprendre, et nous emmener pieds et poings liés à la Conciergerie ou à la Préfecture.

— La police? demanda le président.

— Mon Dieu, oui, messieurs. Le comte de Mauclerc a parlé.

— Il est mort, répondit un des membres.

— Il a parlé, répéta l'*Invisible*. Sans avoir pénétré tous nos mystères, le comte en avait découvert assez pour nous compromettre tous, si nous n'étions aussi bien informés que nous le sommes. Ainsi, il connaissait la date précise de notre réunion, le lieu du rendez-vous, détails assez importants et valant bien une partie des quatre cent mille francs qui devaient payer sa trahison. Ah! vingt mille livres de rentes, il y avait là, messieurs, de quoi acheter des consciences moins élastiques que celle de M. de Mauclerc.

— C'est vrai, dit le président d'une voix sourde, mais sa conscience n'est plus à vendre, ses trahisons ne pèsent plus dans la balance.

— Croyez-vous? fit simplement l'Invisible.

— Un coup d'épée, droit au cœur, ne pardonne pas.

— Et mon épée ne s'est pas trompée de route, ajouta un des dominos.

— Vous oubliez, mon cher baron, repartit le chef, qui semblait en effet reconnaître à la voix chacun des assistants, vous oubliez que les traîtres n'ont pas de cœur.

— Je suis sûr...

— Il faut les tuer deux fois pour être certain de leur mort.

— Mais sa blessure ne nous a pas suffi... nous l'avons encore...

— Jeté dans la Seine, enveloppé, garotté dans une forte couverture de laine.

— Précisément.

— Oui, je sais cela... je le sais bien, mais écoutez-moi. Lorsque vous êtes arrivés sur le pont d'Iéna, ce pont était désert, n'est-ce pas?

— Désert, oui, maître.

— Les deux berges du fleuve aussi?

— En effet.

— Eh bien! quand on regarde si un pont est désert, si personne ne passe sur ses berges de droite et de gauche, il faut regarder également si le fleuve n'a ni yeux ni oreilles. Le comte de Mauclerc, c'est à peine si on lui a laissé le temps de se mouiller dans sa chute.

Un mouvement de fureur et de désappointement se manifesta parmi les Invisibles.

— Quelqu'un est venu à son aide ? demanda le président.

— Oui, monsieur.

— Et ce sauveur ?

— Oh! ne vous en inquiétez pas. Je saurai le retrouver en temps opportun. Ce que j'en dis est tout simplement pour prouver à ces messieurs qu'il ne faut jamais transiger avec la consigne donnée. Si l'on avait rigoureusement exécuté mes ordres, nous n'en serions pas maintenant à nous demander : M. de Mauclerc vit-il ou dort-il de son dernier sommeil ?

— On a cru les exécuter, ces ordres.

— On ne l'a pas fait. On a risqué plusieurs vies précieuses contre une existence sans valeur. Je ne peux que blâmer cet excès de délicatesse. Un duel au lieu d'une exécution. L'épée au lieu de la hache ou du poignard ! Sommes-nous des mignons du seizième siècle ou les justiciers des siècles à venir ?

— En vérité, maître, il est dur de...

— Ah ! vous discutez mes ordres ! Ah ! vous trouvez dur pour un honnête homme, pour un galant homme, pour un gentilhomme, de faire l'office du bourreaux! Ah! vous vous dites : Pourvu qu'on délivre l'Association d'un ennemi, rien ne peut nous être reproché. Vous vous trompez. Ce n'était pas un ennemi à frapper, mais un coupable à punir que je jetais en pâture à votre dévouement. La nécessité est une mère cruelle, sa main de fer broie, écrase, anéantit. Pas de demi-mesure, quand elle commande. Ai-je provoqué, frappé dans un loyal combat, le misérable qui prenait mon titre et ma place? Il m'attaquait avec des armes viles et ténébreuses, on l'a frappé avec des armes ténébreuses et viles. Et soyez-en certains, messieurs, celui-là ne sortira pas de sa tombe pour nous accuser, nous compromettre ou nous perdre par ses dépositions.

Un silence de mort se fit autour de cet homme qui parlait si froidement de la vie des autres hommes.

Aucun des huit Invisibles présents ne trouva la force de répondre à cette parole incisive, tranchante comme la lame d'un couteau.

Il n'y avait point à hésiter.

Pour le chef des Invisibles, qu'était-ce que la suppression d'un certain nombre d'êtres vivants, auprès de l'accomplissement de sa mission sacrée ?

Chacun d'entre eux sentait à merveille que si la main gauche de ce terrible champion du droit venait à commettre une faute, sa main droite l'abattrait impitoyablement.

L'invisible reprit :

— Dieu veuille que nous n'ayons pas à regretter votre négligence de cette nuit, et maintenant, venons au sujet qui m'amène parmi vous.

Tous se rapprochèrent.

Et lui, baissant la voix :

— La trahison du comte de Mauclerc aura tout à la fois des conséquences funestes et des suites profitables. Tout est remis en question, du moins pour un certain laps de temps. Notre œuvre n'est pas de celles que le vent du caprice fasse sombrer. Le hasard s'incline devant nous. Apôtres de l'humanité, nous marchons droit, parce que la volonté et le souffle divin sont avec nous. En vain, ceux qui nous méconnaissent essaient-ils de nous donner pour des conspirateurs vulgaires. Un seul devoir nous incombe quant à présent : instruire le peuple, soulager ses misères, faire litière du vice triomphant, relever la vertu qui se tient à l'écart dans l'ombre et la poussière. Soyez-en sûrs, l'Europe, le monde entier s'associent de cœur à notre travail salutaire. Les puissances voisines ne sont pas prêtes encore. L'Italie, la Belgique, la Prusse attendent le signal ; mais la Russie, malgré son vasselage, son servage séculaire, l'Autriche, toute réactionnaire qu'elle soit, se joindront à notre mouvement : il faut que le premier élan vienne de tous les peuples intelligents. Depuis trente ans la France accomplit l'œuvre de la démocratisation du vieux monde; elle y emploie ses victoires et ses écrits : à la suite de son épée, sa parole pénètre partout; partout elle fructifie. Les monarchies de droit divin, minées de toutes parts, tremblent à l'approche d'une tempête inconnue et n'attendent plus qu'un souffle puissant pour s'évanouir en poussière, pour s'écrouler à jamais sous les ruines émiettées du passé. Ce souffle, vous l'avez deviné, frères, c'est celui de la Révolution! Cette France, à laquelle nous sacrifions tout et qui nous proscrit aujourd'hui, elle sera bientôt notre complice la plus active. Depuis 89, je le répète, n'accomplit-elle pas la transformation du vieil univers? Oui, elle emploie, dans ce but, toutes ses facultés puissantes et régénératrices. Son épée frappe et flamboie, sa parole pénètre et retentit ; elle marche devant, l'Europe suivra. Qu'elle donne le signal, et toutes les nationalités se lèveront. Haut les cœurs ! l'heure est proche. Une ère nouvelle s'annonce. L'homme dont le génie doit tout constituer attend que le moment soit venu. Il attend.

Un frémissement d'intérêt parcourut l'assemblée.

— Or, ajouta l'Invisible d'une voix lente et ferme, cette révolution, préparée de si loin, caressée avec tant d'amour par les âmes généreuses, cette révolution n'éclatera pas aujourd'hui. Et cela par la faute d'un traître, que vous avez peut-être épargné.

Aucun des initiés ne releva ce nouveau reproche.

— Je ne veux rien livrer au hasard ; j'attendrai. C'est de l'étranger, cette fois, que nous viendra le signal de la lutte contre les oppresseurs des peuples. Jusque-là attendons. Dans un an, au plus, tout sera fini. D'ici là, nous profiterons des loisirs qui nous sont faits par la nécessité pour consolider les bases de notre édifice. Je veille et je travaille pour vous. Messieurs, je vous attends le premier jour du mois de juillet prochain à Amsterdam, où doit avoir lieu notre assemblée générale.

Avant de vous quitter, laissez-moi vous faire part d'une découverte dont notre association profitera largement. Dans une contrée sauvage, presque ignorée, l'un des nôtres vient de mettre la main sur des gisements aurifères d'une valeur incalculable. Il ne m'est point permis, en ce moment, de vous les désigner plus clairement. Mais, sachez-le, nous avons devant nous six ou huit grands mois, pendant lesquels nous exploiterons ce *placer* sans concurrents, sans rivaux. Les richesses immenses qui chaque jour entreront dans notre caisse, assureront le succès de notre glorieuse entreprise.

De chaleureux applaudissements interrompirent l'orateur à cette révélation inattendue, tant est forte, même sur les cœurs les plus dévoués, les plus désintéressés, la fascination de ce mot magique, l'or ! tant est grande l'attraction de la fortune, même sur les classes les plus privilégiées !

— Hélas ! reprit l'*Invisible* avec une sorte de melancolie prophétique, cette découverte à laquelle vous applaudissez, changera peut-être la face du monde. Cet or, si longtemps enfoui dans les entrailles de la terre, tout à coup répandu avec profusion, peut occasionner le débordement de toutes les passions mauvaises de l'homme. Qui sait s'il n'augmentera pas dans des proportions effrayantes la désorganisation sociale ? N'applaudissez pas, messieurs ; je vois toutes les convoitises en éveil ! Voici que le dix-neuvième siècle et ses chercheurs d'or renouvelleront l'ère des féroces aventuriers du quinzième siècle !

Dieu veuille que je me trompe ! Dieu veuille que la société, penchée sur l'abîme, ne soit pas prise de vertige et ne sombre pas sous l'influence de ce métal odieux, cause de tous les maux qui nous affligent !

Quant à nous, nous resterons purs de tout excès. Le but que nous nous proposons est trop beau, pour que nos yeux s'en détournent un seul instant. L'or ne doit être qu'un moyen, un instrument entre nos mains, il ne sera jamais pour nous un motif de joie ni d'orgueil.

Donc, continuez à agir, ainsi que vous avez agi jusqu'à ce jour. Champions ignorés du droit, vengeurs des opprimés, défenseurs occultes des faibles, continuez votre tâche sans scrupules sans réticences, sans craintes mesquines.

Tous vos actes me sont connus. Je les approuve tous. Je vous félicite. Navigateurs habiles et intrépides, vous ne désespérez pas quand le navire fait eau, quand la foudre tonne sur vos têtes. Croyez-moi. Persévérez ; l'orage passera, la foudre se taira, les voies d'eau seront aveuglées et vous arriverez triomphants au port, où la gloire, où la liberté vous attendent.

Ici, la musique lointaine du bal, un moment interrompue, reprit avec une vigueur nouvelle.

Le Maître s'arrêta.

Puis, semblable à la statue de l'Attention, le haut du corps penché en avant, l'oreille tendue, il écouta.

Un bruit, léger comme la respiration d'un oiseau mouche se fit entendre. Quelqu'un venait d'appuyer son doigt contre la cloison.

Le Maître se rapprocha de cette cloison, et appuyant lui-même l'extrêmité de son index, il attendit.

On frappa six coups à peine perceptibles.

Il en répondit six à son tour.

Une voix plus faible que la dernière vibration d'une harpe éolienne, murmura :

— Ils viennent !

— Bien ! répondit l'Invisible.

Et se tournant vers ses adeptes :

— Les agents déguisés dont je vous ai annoncé

la visite s'approchent. Que nul de vous ne bouge. Dans un instant, ils seront ici. Souvenez-vous que le 1ᵉʳ juillet prochain, nous devons tous nous retrouver à Amsterdam.

— Nous nous en souviendrons, fit le président.

— Et vous jurez d'y être, à moins de force majeure ?

— Nous jurons d'y être.

Ici, la voix, se fit entendre de nouveau.

— *Nuit!* disait-elle.

— Attention ! s'écria le Maître.

Alors il se passa quelque chose d'étrange, qui devait avoir eu lieu déjà bien des fois, puisque aucun des affiliés ne fit un geste de surprise.

L'Invisible jeta les yeux sur les conjurés,

Il les vit groupés autour de lui.

Et, croisant les bras sur sa poitrine, il frappa deux fois le sol de son talon.

Le parquet du salon dans lequel ils se trouvaient s'abaissa lentement, entraînant avec lui hommes et choses, meubles et conjurés.

Cette descente s'opéra silencieusement.

Une fois les conspirateurs disparus, le plancher remonta.

Seulement, dans le milieu du salon, il ne restait plus que deux hommes.

Ces deux hommes, revêtus de longs dominos noirs, leurs loups de velours déposés sur la table qui se trouvait entre eux deux, jouaient aux échecs.

Penchés sur l'échiquier, absorbés par des combinaisons ardues, ne s'occupant que des péripéties de leur partie, ils suivaient leur jeu avec une attention inaltérable.

VII

Echec au roi, échec à la reine, échec à la police.

L'un de ces deux joueurs si absorbés par leur partie d'échecs, était le docteur Martel, l'autre le colonel Martial Renaud.

La porte s'ouvrit doucement.

Plusieurs personnes parurent sur le seuil.

— Echec au roi! fit le colonel. Tenez-vous bien, docteur!

— C'est bon, c'est bon, vous ne me materez pas encore ce coup-ci, mon cher colonel, répondit son adversaire.

Et il avança son fou de deux cases.

— C'est mon fou qui me sauvera, ajouta-t-il en

le posant devant sa reine. Vous savez bien qu'il n'y a que les fous qui gardent bien les rois.

— Je vais faire donner ma cavalerie.
— On vous attend.
— Je prends votre fou, dit Martial Renaud.
— Eh bien ! gardez-le. Je m'en passerai. Je n'ai pas besoin de lui pour arriver.
— A quoi !
— Vous allez voir...

Et le docteur, qui parlait à bâtons rompus, tout en réfléchissant, continua :

— Seulement, je vous l'avoue, vous avez bien fait de rompre le silence obstiné que vous gardiez depuis vingt minutes. J'avais un poids sur la poitrine. Je craignais que vous ne fussiez subitement devenu muet. Cela s'est vu...

— Raillez, raillez tout à votre aise. En attendant, je ne vois pas trop comment vous parerez votre échec.

— En vérité !...

Et le vieux lutteur, tout en avançant une pièce, se mit à chantonner :

As-tu vu la casquette, la casquette,
As-tu vu la casquette au père Bugeaud?

— Là ! voilà, s'écria-t-il.
— Quoi donc ?
— Echec à la reine !
— Echec à la reine ?

— Oui, à votre reine, *Regina*, *reginœ*, Tirez-vous de là, beau Gusman.

Le colonel Martial fit un geste de mauvaise humeur.

— Pardon, pardon, s'écria-t-il ; comment diantre vous y êtes-vous pris ?

— Honnêtement, je pense.

— Je ne dis pas non, mais je ne comprends pas le coup.

— Il est pourtant bien simple. Tenez...

Et le docteur recommença paisiblement le coup demandé.

— Vous avez, ma foi, raison, dit Martial Renaud, et s'accoudant sur la table qui soutenait l'échiquier, il se mit à réfléchir profondément, sans prêter la moindre attention à cinq ou six masques qui venaient d'entrer.

Ces masques, après avoir attendu quelques instants en écoutant la conversation des joueurs, après avoir échangé entre eux plusieurs gestes de désapointement, étaient venus s'asseoir sur le canapé circulaire qui se trouvait près des adversaires.

L'un d'entre ces masques était retourné vers la porte et avait renvoyé une dizaine d'invités, également masqués, qui les avaient accompagnés jusqu'au perron du kiosque, en leur disant :

— Voilà bien le nid.

— Et les oiseaux ? avait demandé l'un de ceux-ci.

— Dénichés. Ce sera pour plus tard.
— Faut-il rester?
— Non. C'est une affaire manquée pour aujourd'hui.

Puis il était rentré dans le salon.

A peine les masques en question venaient-ils de s'éloigner que huit dominos, dont sept noirs et un bleu, reparurent dans les environs du pavillon.

Tout en se promenant, ils jetaient de temps à autre de rapides regards vers le salon des joueurs d'échecs.

Ceux-là n'étaient autres que les huit Invisibles, qui, une fois rendus à la liberté par leur chef, l'avaient perdu de vue, et revenaient pour prêter main-forte à leurs amis en cas de besoin.

Mais les deux joueurs d'échecs n'avaient besoin d'aucun secours.

Leur partie les absorbait tellement qu'ils ne se doutaient même pas que d'autres invités eussent pénétré dans leur sanctuaire.

Le silence aurait duré longtemps.

Mais un nouveau personnage, revêtu d'un manteau vénitien, entra vivement et vint porter la perturbation dans ce cénacle tranquille.

Ce manteau vénitien avait un nœud de rubans roses sur son épaule droite.

Il se démasqua.

— Le comte de Warrens ! dit un des invités.

— Mille pardons, messieurs, répliqua celui-ci

en se jetant sur un fauteuil et en s'éventant avec son mouchoir. Mille pardons ! Mais je ne puis plus me tenir sur les jambes. Ouf! je suis harassé, moulu, brisé de fatigue. Voilà cinq heures que je cherche un coin pour prendre un peu de repos. Le trouverai-je au sein de ces honnêtes joueurs d'échecs ?

— Ah ! vous pouvez bien vous reposer tant qu'il vous plaira, grommela le docteur Martel, pourvu que vous ne bavardiez pas trop.

— Merci de la permission, fit le comte en riant. Vous m'accordez la liberté du silence ?

— Oui.

— Eh bien ! j'en profiterai. Mais dites-moi d'abord si vous êtes vainqueur.

— Je n'en sais rien.

— Docteur ! docteur ! vous n'êtes pas modeste. Vous devez être en train de vous faire battre.

— Les journaux vous le diront demain, répondit Martel avec un redoublement de mauvaise humeur.

— Là! là ! calmez-vous. Vous êtes?...

— Manche à manche. Nous jouons la belle.

— Je la plains si vous l'emportez, reprit le comte, de plus en plus gai.

— Pan ! pan ! pan ! s'écria le docteur, tout à son jeu, et avançant une tour.

— Bon, repartit joyeusement Martial Renaud. Vous avez donné dans le piége. L'échec est paré.

— Ma foi, oui, s'écria le docteur, millions de tonnerres ! sacrr !...

Et il allait recommencer à jurer comme cela lui arrivait bien rarement de le faire, lorsqu'un des masques s'approcha de la table de l'échiquier, examina le coup et dit d'une voix mordante où l'intention railleuse perçait clairement :

— Allons ! c'est bien joué. Il n'y a rien à dire.

— N'est-ce pas ? répliqua le comte de Warrens d'un air innocent. Oh ! ce sont de rudes lames. Je les crois de taille à faire durer trois mois la même partie.

— Ah ! comte, je suis bien de votre avis.

— Vraiment ! vous m'en voyez heureux.

— Seulement...

— Voyez-vous, il y a *seulement*.

— Seulement, ajouta le masque du même ton de sarcasme, je crois que cette partie-là dure depuis plus de trois mois.

— En vérité ?

— Oui, je crois que si l'un de ces messieurs consentait à se donner la peine de nous répondre...

— Mais c'est chose facile.

— Là est toute la question.

— Voilà qui se dit en anglais, répondit le comte en souriant. Vous manquez de révérence envers la patrie du grand William, monsieur le secrétaire.

— Mon cher comte, c'est affaire à vous. Il est impossible de garder son incognito dans vos salons.

Et l'employé supérieur ôta son loup.

— Sur mon honneur, ajouta-t-il, je viens de prendre une superbe leçon...

— D'échecs? interrompit vivement de Warrens.

— D'échecs, précisément. Jusqu'à présent, il n'y avait que l'échec au roi, l'échec à la reine; grâce à vous, comte, il y aura l'échec à la police.

— Ce dernier n'existera que dans votre mémoire, fit le comte en saluant gracieusement l'employé supérieur. Personne autre que vous n'en parlera jamais.

— Que voulez-vous dire?

— Je veux dire, monsieur, que vous êtes mon hôte, et que jamais un de mes hôtes, moi présent, ne sera tourné en ridicule. Vous devez être assez sûr, ajouta-t-il d'un air dégagé, des personnes qui vous accompagnent pour ne pas douter de mon assertion.

— Vous jouez comme un gentilhomme, monsieur le comte.

— On joue comme on peut, monsieur.

— Mais, vous-même, vous me faites l'effet d'un très-beau joueur.

— Oh! je ne suis pas de force à vous tenir tête, répondit-il avec attention, si vous êtes de la force de ces messieurs.

— Pure modestie de votre part. Si vous y mettiez de l'acharnement, vous les battriez.

— J'en doute.

— Êtes-vous là depuis le commencement de la lutte ?

— Non, je ne suis arrivé que quelques instants avant vous. Depuis combien de temps jouez-vous donc, messieurs ? demanda le comte de Warrens, mais cette fois il parla aux deux joueurs d'une voix qui réclamait une réponse.

Le docteur leva le tête et regarda la pendule :

— Il y a plus de deux heures et demie.

— Tant que cela ?

— Ce n'est pas trop pour faire un *match* de trois parties.

— Et c'est pour vous livrer cette rude bataille que vous vous êtes renfermés ici depuis si longtemps... ?

— Le temps ne nous a point paru long.

— Seuls, comme deux hiboux, qui cherchent une proie à se partager.

— Si encore vous nous compariez à deux loups, dit Martial en riant, vous pourriez ajouter que demain on ne retrouverait de nous que nos...

— Deux appendices codaux, fit le docteur, qui poussa vigoureusement sa reine sur l'échiquier.

Un domestique parut, un plateau à la main.

— Ah ! voilà mon punch, s'écria Martial Renaud.

— Dites, notre punch, c'est moi qui l'ai demandé.

Et ils prirent chacun un verre de punch.

— Je croyais, grommela le docteur en ingurgitant son punch à petites gorgées, qu'on ne se donnerait plus la peine de nous l'apporter.

— Pourquoi cela? demanda le comte.

— Dame! voilà plus d'une bonne demi-heure que nous l'avons demandé.

— Baptiste, vous entendez le reproche du docteur; que cette négligence ne se renouvelle plus, ou la seconde fois vous ne ferez plus partie de ma maison!

— Je ne dis pas cela pour faire de la peine à ce garçon, dit le docteur.

— Allez, Baptiste, continua le comte.

Le domestique s'inclina respectueusement et sortit.

La partie se termina enfin.

Martial Renaud venait de faire échec et mat le docteur Martel, qui sacrait de son mieux.

Ce fut le signal du départ.

Tous, masques et dominos, se levèrent et rentrèrent dans le jardin d'hiver.

Mais au moment où le comte de Warrens allait suivre ses invités, le secrétaire du préfet qui, seul, était demeuré immobile, s'avança vivement vers lui, passa son bras sous le sien, et, l'attirant amicalement dans l'embrasure d'une fenêtre.

— Monsieur de Warrens, lui dit-il d'une voix contenue, vous avez de cruels ennemis.

— Je le sais, monsieur, répondit nettement le comte.

— Vous le savez ?

— Oui, et depuis longtemps.

— Qui vous l'a dit ?

— Personne. Mais j'ai une grande fortune, mon arbre généalogique remonte à Robert le Fort ; je pourrais, si je voulais, occuper une haute position dans la diplomatie ; quand l'occasion s'en présente, je fais le bien. Voilà, vous en conviendrez, continua-t-il avec un sourire empreint de tristesse, voilà plus de motifs qu'il n'en faut pour exciter l'envie, et pour m'attirer la haine de bien des gens.

— Même de ceux à qui vous avez rendu service ?

— Surtout de ceux-là.

— Vous êtes dans le vrai, comte, fit le secrétaire avec une gracieuse inclinaison de tête ; mais si vous rencontrez des ingrats qui vous haïssent, ou des envieux qui vous jalousent, vous rencontrerez aussi des natures loyales qui vous apprécieront et des mains ouvertes qui se tendront vers vous.

— Puissiez-vous dire vrai !

— A partir d'aujourd'hui, mon cher comte, dès ce moment, comptez-moi, je vous prie, au nombre de vos amis.

— Je vous compterai volontiers au nombre de mes amis, répondit finement le comte de Warrens, mais, mon cher monsieur, je vous en préviens, je ne compte jamais sur mes amis.

— Je vous prouverai un jour ou l'autre que le mot *amitié* n'est pas un mot creux pour moi.

Et le secrétaire tendit sa main au comte.

Le comte la prit.

Cette étreinte chaleureuse était-elle franche, était-elle fausse?

L'avenir nous répondra.

Toujours est-il que, pour le moment, ces deux hommes, dont l'un conspirait la perte de l'autre, il n'y avait pas encore une demi-heure, se donnaient un témoignage d'estime et d'amitié incontestables.

— Vous excuserez, mon cher comte, ajouta le secrétaire du préfet, qui tenait toujours la main de son interlocuteur entre les deux siennes, vous excuserez les maladresses, les procédés blessants dont moi et les miens nous avons usé envers vous, et cela à diverses reprises.

— Je m'en suis à peine aperçu.

— J'étais contraint d'agir ainsi. Des ordres supérieurs me prescrivaient cette rigidité.

— Mais aujourd'hui?

— Mais, à partir d'aujourd'hui, ma consigne une fois remplie, je redeviens maître de ma conduite et de mes actes. J'ai acquis cette nuit la certitude évidente que tous les rapports faits contre vous étaient faux.

— Des rapports... politiques?...

— Ne cherchez pas à savoir...

— De simple police?

— Nòn, je rougis de l'erreur de mes agents. Vous ne vous figurez pas les calomnies indignes dont vous avez manqué devenir la victime. Que des conspirateurs, des ennemis du gouvernement se réunissent chez vous, j'en doute, je le nierai au besoin, sans en mettre ma main au feu. Mais que vous-même...

— Moi, conspirer ! Eh ! mon Dieu, contre qui, et pourquoi faire ? Dans quel intérêt ?

— Ne vous défendez pas ; c'est inutile. Seulement, si quelque jour, pour quelque raison que ce soit, vous avez besoin d'un défenseur, d'un allié, appelez-moi, je ne ferai pas faute.

— Merci, monsieur, je ne ferai jamais fi de l'estime d'un homme tel que vous.

Après s'être serré une dernière fois la main, le comte de Warrens et le secrétaire du préfet rentrèrent dans les salons du bal.

C'était l'heure du souper.

Les danses avaient cessé.

Toutes les dames assises autour de trois ou quatre immenses tables en fer à cheval, formaient d'adorables corbeilles de fleurs et de diamants.

Les hommes attendaient ou servaient celles d'entre elles qui les appelaient.

Le comte, qui venait de jeter un coup d'œil de maître sur toutes les tables, se retournait pour dire à son nouvel ami :

— Vous nous restez à souper ?

Il aperçut le secrétaire faisant un signe à un certain nombre de masques mystérieux, qui disparurent aussitôt comme une troupe de noirs corbeaux.

Ces masques étaient des agents de la police secrète du royaume, chargés de prêter main-forte au secrétaire du préfet.

Le comte renouvela son invitation. Le secrétaire accepta.

— Mais, ajouta-t-il, si je soupe chez vous cette nuit, vous dînerez chez moi ce soir, pour cimenter notre nouvelle amitié.

— Soit, répondit en souriant le comte de Warrens, mais je viendrai seul.

Ce fut là sa seule vengeance.

VIII

Où le lecteur fait connaissance avec Mouchette.

On démolit aujourd'hui la Cité, cet antique berceau de Paris, dont chaque pavé a sa légende, chaque pan de mur son histoire comique ou tragique.

Parmi les rues démolies figure la rue de la Calandre.

Cette rue, l'une des plus anciennes voies de la Cité, remontait à l'occupation romaine.

L'origine même de son nom est une énigme.

Les uns l'attribuent aux ouvriers calandreurs qui l'habitaient et la peuplaient, d'autres à une lamille de la Kalendre qui, la première, s'y serait installée.

Les curieux, que ces deux explications ne satisfaisaient pas, avaient fini par découvrir une vieille enseigne de *la Calandre*, cachée sous une couche de peinture et sous deux couches de vétusté.

On s'en était tenu là, et, après tout, cette dernière origine valait autant, sinon mieux, que les deux précédentes.

En somme, ignorants et érudits se sont vus tout naïvement contraints d'avouer leur impuissance à ce sujet.

La rue de la Calandre commençait rue de la Cité et finissait rue de la Barillerie.

Bien qu'étroite, sale, tortueuse, elle était jadis très-fréquentée.

Elle a vu de nombreuses entrées royales, et grâce à sa situation centrale dans la Cité, on célébra peu de cérémonies publiques dont elle ne prît sa part.

Ainsi, en 1420, à l'entrée de Henry V, roi d'Angleterre, « *fust faict en la rue de la Calandre*, lit-on dans une chronique du quinzième siècle, *un moult piteux mystère de la Passion au vif.* »

A l'époque où se passe notre action, les splendeurs civiles de cette tant vieille rue n'existaient plus depuis longtemps qu'à l'état légendaire.

Complétement déchue, même dans l'estime du peuple des faubourgs, elle n'était plus hantée que par la classe la plus infime de la population.

Elle servait de refuge à ces innombrables métiers interlopes dont les titulaires pullulent sur le pavé des grandes villes et le salissent comme de honteuses verrues.

Logeurs à la nuit, cabaretiers de bas étage tenant des tapis-francs, finissaient toujours par y faire une fortune amassée sou à sou, le plus malhonnêtement du monde.

Le n° 10 de la rue de la Calandre, où, d'après une tradition très-accréditée, naquit, au quatrième siècle, saint Marcel, *évêque de Paris et bourgeois du paradis*, vieille masure, sombre, étique, tremblant au moindre vent, menaçant ruine et suintant la misère, était habité par un certain nombre de ménages plus ou moins morganatiques.

Chanteurs ambulants, tireuses de cartes, forçats libérés ou en rupture de ban, porteurs d'eau et marchands des quatre-saisons formaient la clientèle assidue du cabaret borgne, ou plutôt du cabaret louche qui en occupait le rez-de-chaussée.

A la tombée de la nuit, tout ce monde gangrené venait y boire, y manger, y jouer et souvent s'y battre.

Ce n'était pas précisément un phalanstère, quoique, de loin, un appréciateur peu scrupuleux eût pu s'y tromper, en regardant cet immonde ramassis par le gros bout de sa lorgnette.

On pénétrait dans cette maison par une allée

noire, fangeuse, remplie à toutes heures du jour d'émanations fétides.

Au bout de l'allée, dans l'ombre, se dessinait vaguement la première marche d'un escalier en tout semblable à celui dont parle Mathurin Regnier dans une de ses plus mordantes satires.

Une corde à puits, fixée au mur visqueux, servait tant bien que mal de rampe à cette échelle, moins riche en perspective et en horizons azurés que ne l'était l'échelle de Jacob.

Grimpons le plus promptement possible cinq étages éclairés par deux malheureux petits jours de souffrance, et pénétrons dans le logement situé au cinquième de cette triste maison.

Deux pièces le composaient, si de ce nom il est permis d'appeler deux réduits infects séparés par une mince cloison en planches disjointes, sur laquelle se jouaient en arabesques capricieuses les restes d'un vieux papier à fleurs jaunes.

Eclairé par une fenêtre dite à guillotine, dont les vitres, recouvertes d'un épais voile de poussière, ne laissaient pénétrer que quelques rayons verdâtres d'un soleil douteux, chacun de ces taudis avait un cachet particulier.

Dans la première pièce donnant sur le carré, tout allait à vau-l'eau, en désordre; dans la seconde, se rencontrait une certaine recherche, témoignant de jours meilleurs.

Sur la porte d'entrée de ce logement on lisait,

écrite à la main, en lettres de six pouces, cette mention d'une orthographe des plus fantaisistes :

VEUVE PACLINE,

Marq-Cham daï kat c'est z'on,
tir lais kart,
va-t-en vil,
fé tousse ki concert neso néta.

Puis, au-dessous, d'une écriture plus fine, mais toujours avec le même respect pour le dictionnaire de l'Académie française :

Tir hé lapat deu cha, siouplé.

Une patte de chat pendait, en effet, au bout d'une ficelle.

Seulement, on avait beau y mettre de la bonne volonté, on avait beau tirer, personne ne venait, par deux excellentes raisons : la première, que presque jamais il n'y avait personne au logis ; la seconde, qu'il n'existait pas l'ombre de sonnette à l'extrémité supérieure de la susdite ficelle.

Pourtant, par exception, au moment où nous pénétrons dans cet intérieur négligé, deux individus s'y trouvaient. Un homme et un enfant de douze à quinze ans.

Assis sur des tabourets en bois peint, auprès d'un poële chauffé à blanc sur lequel chantait une marmite pleine d'eau, ils causaient avec une vive animation.

A part les deux tabourets en question, le poêle et une table vermoulue encombrée de guenilles sans nom, de légumes de toutes sortes, cette première pièce était complétement dépourvue de meubles.

Par la porte entr'ouverte donnant dans la seconde chambre, on apercevait deux lits de sangle, garnis chacun d'une paillasse et de couvertures aux couleurs effacées. Surmontant l'un de ces deux lits, le cadre d'un portrait caché par un voile vert devenu presque jaune, se détachait dans la pénombre.

Près des deux causeurs, sur un escabeau, se trouvaient deux gobelets d'étain et une bouteille de trois-six.

De ces deux causeurs, le plus âgé, l'homme, avait trente-cinq à quarante ans. Ses traits durs, accentués, à l'expression sournoise et basse, inspiraient une répulsion instinctive.

Il portait un pantalon et une veste de camelot bleu, un gilet à grands carreaux rouges et verts; une casquette de loutre, enfoncée jusque sur ses yeux, malgré la chaleur suffocante du poêle, cachait une partie de sa physionomie, et sa main ne quittait jamais la pomme de plomb d'un énorme gourdin dont le bois reposait entre ses jambes.

Le plus jeune, véritable produit du pavé de Paris, né entre la pose de la première pierre d'une barricade et le dernier coup de poing d'une batterie de barrière, type du *pâle voyou* de Barbier, avait l'air de dire à quiconque l'examinait : Regardez-moi bien ; où finit l'enfant? où commence l'homme?

Une grimace expressive, succédant à ce point d'interrogation, achevait de dérouter l'observateur le plus attentif.

Elancé comme un peuplier qu'on vient de planter, unissant à la maigreur d'un clou la vivacité du vif argent, la bouche fendue jusqu'aux oreilles, une bouche aux dents blanches, pointues, affamées, le nez au vent, l'œil gris et phosphorescent, cet être problématique, entre un éclat de rire et un verre d'eau-de-vie, secouait son front bombé, et de chaque côté de sa tête retombaient en désordre, sur ses épaules, une masse de cheveux d'un blond ardent.

Sur son visage se lisaient toutes les passions délétères de ses congénères. Le doute, l'insouciance et le cynisme se partageaient son intelligence narquoise et cauteleuse. Tantôt son regard vif se fixait partout à la fois, tantôt il ne se donnait même pas la peine d'ouvrir la paupière.

Un sourire railleur se jouait continuellement aux commissures de ses lèvres blafardes.

Sa voix avait des notes criardes pour les moments de grande émotion, des gammes traînantes pour la vie de tous les jours.

Tourmenteur, tourmenté, battant ou battu, le repos lui faisait horreur. Ses bras et ses jambes semblaient avoir trouvé le mouvement perpétuel.

Il savourait avec délices les aromes d'un cigare d'un sou dont la cendre lui brûlait les lèvres.

Malgré la rigueur de la saison, l'enfant était vêtu d'un pantalon de toile grise, trop court, dont le bas effiloqué laissait apercevoir ses jambes rougies par l'atmosphère glacée.

Des souliers à épaisses semelles ferrées à glace traînaient à ses pieds.

Ses maigres épaules n'étaient garanties du froid, de la neige et de la pluie, que par une blouse rapiécée, ouverte sur la poitrine.

Ce spécimen du produit de tous les vices de la capitale ne craignait ni Dieu ni diable, ni chaud ni froid. Malade, il narguait la santé; bien portant, il faisait la nique à la maladie.

Avait-il une chemise seulement, lui qui n'avait pas de bas?

Que lui importait!

Il venait de fumer un cigare, et il en allumait un autre. Sa casquette de cuir bouilli, à la visière cassée, crânement penchée sur son oreille gauche, tenait par un miracle d'équilibre, et complétait un ensemble qui n'aurait point été méprisé par le peintre des *Gueux*.

O misère! ô civilisation frelatée! vous aviez bien creusé vos stigmates indélébiles sur ce jeune visage!

Vous l'aviez bien signé, bien marqué de votre sceau et de votre griffe!

Au moment où nous mettons en scène ces deux personnages, dont l'un, le gamin, nous est déjà connu, c'était lui qui tenait le dé de la conversation.

— Non, ma vieille, disait-il en secouant sa rousse chevelure et en se dandinant de gauche à droite comme l'ours blanc du Jardin des Plantes, t'as beau faire les gros yeux, t'as beau te tortiller la moustache, c'est comme si tu sifflais la complainte de Fualdès.

Et voyant que l'autre frappait du pied avec rage, il entonna de sa voix goguenarde :

Bastide, le gigantesque, etc.

L'homme au gourdin se mordait les lèvres jusqu'au sang, et fourrageait la luxuriante barbe noire qui ornait les côtés et le bas de son visage.

— Planches-tu, môme ? répliqua-t-il d'un ton rogue.

— Plancher, moi ! Le plus souvent ! j'suis pas connu pour ça.

— Ainsi, tu laisses tes amis en plan ?

— Rataplan ! plan ! plan ! Les amis ! c'te bonne blague ?

— Oui, les...

— En v'là des camaraux ! Merci, je sors d'en prendre, et j'ai vu de quoi il retourne dans leur cervelette.

— Hein ! tu dis ? fit l'homme d'un air scandalisé.

— Je dis que ces corbeaux-là aiment trop le raisiné ; c'est tous des pègres...

— Après ! qu'est-ce que t'es donc, toi ? Le Grand-Turc ?

— A la Porte ! ricana le petit en se pinçant le nez et en faisant des courbettes devant son camarade. Alli ! Allah ! Alli ! Allah !

— As-tu fini, satané pégriot ?

— Pégriot, je veux ben, mais pas surineur.

— Qui te parle de suriner ?

— Toi et les amis.

— Moi ?

— Les amis et toi.

— Ce n'est pas vrai !

— Un démenti, monsieur le duc !

— C'est pas vrai, je te dis.

— Le petit se mit à jouer de l'orgue de Barbarie avec le coin de sa blouse, et lui lança une bouffée de fumée dans le nez.

— Mouchette ! cria l'homme en fureur.

— Monsieur Coquillard ?... fit l'enfant, qui n'hésita pas à répondre à ce nom de Mouchette.

— Quoi ?

— Vous avez tort de vous répéter quand vous êtes dans votre tort.

— J'ai tort, moi ?

— Je le jure sur la tête de la jolie marchande de tabac qui m'a vendu ces soutados. En veux-tu la moitié d'un ?

— Ce n'est pas de refus.

Et Mouchette, tirant un eustache de sa poche gauche, côté du cœur, partagea gravement un cigare d'un sou par la moitié.

— Pingre !

— C'est comme ça qu'on fait les bonnes maisons, dit le voyou, qui offrit un des bouts du cigare à son hôte.

Mouchette était chez lui ou à peu près.

— Remarquez, cher mossieu de Coquillard, que c'est le bon bout que je vous offre.

— Merci.

— J'aurais pu le garder. Faudrait pas en prendre l'habitude. Cette fois-ci, c'est pour compenser le refus que je viens de te faire..

— Tu refuses décidément.

— Oh ! il n'y a pas ! il n'y a pas ! C'est de la trop mauvaise société pour moi.

— Délicat ! faudrait-il pas te présenter des ambassadeurs ? Accepterais-tu ?

— Ça dépend des puissances. On pourrait voir.

— Allons, c'est bon ! grogna Coquillard ; t'es pas un vrai, t'es pas un pur ! Tu r'naudes !...

— Comment que tu dis ça ?

— Tu renaudes.

— A la bonne heure, c'est bien épelé, mais c'est mal raisonné.

— Alors tu acceptes ? t'es des nôtres ?

— Zut en musique !

— Au diable! fit Coquillard en frappant violemment le plancher de la chambre du bout de son ourd rotin.

— On y va, répondit Mouchette. Et d'abord ne défonçons pas le plancher de maman Pacline. Quoi donc qu'elle dirait à son retour? Faudrait qu'elle aille digérer sa goutte chez le voisin d'au-dessous.

— Voyons, une dernière fois, en es-tu? n'en es-tu pas?

— T'auras qu'un liard. Pourquoi que tu veux, à c't' heure, me mettre mal avec l'autorité? — Il ôta sa casquette d'un air profondément respectueux en prononçaut ce dernier mot, à la manière de monsieur Prudhomme.) — J' n'ai pas besoin qu'elle se charge de mon logement et de ma nourriture.

— Que t'es bête!

— Je te donne dix ans pour me prouver cette périphrase.

— Périphrase! Il n'y a pas de périphrase là-dedans, répondit Coquillard, qui pas plus que Mouchette ne se doutait de ce que ce terme de rhétorique veut dire.

— Mon p'tit Coquillard! ce n'est pas une injure! Je m'esbigne de cette affaire-là parce que je crois que vous aurez la rousse sur les reins.

— La rousse? Je t'en soigne. Elle n'y verra que du feu!

— Possible! mais, vois-tu, ma p'tite chatte, je suis comme les pierrots, moi ; il me faut la grande air et le parfum du ruisseau. J'peux pas vivre en cage, j'avalerais mes barreaux, et ce serait malsain.

— Faut tout connaître, dans ce bas monde, répondit philosophiquement Coquillard, en mâchant le reste de son bout de cigare éteint, dont il s'était fait une chique.

— Possible. Mais quand on a un état...

— T'as un état, toi?

— Moi! oui, moi!

— Depuis quand?

— Depuis hier.

— Et cet état, voyons un peu?

— Devine.

— Si je devine, viendras-tu avec les camarades?

— Peut-être bien.

— Oui ou non?

— Ma foi, oui. Tiens! je ne risque rien, je peux bien parier.

— Alors, je ne suis qu'une huître.

— Tu te connais mieux que moi.

— Voyons, t'es clerc d'huissier?

— Faudrait m'saisir moi-même un jour. J'n'aimerais pas ça.

— Ouvreur de portières? Ramasseur de bouts de cigares?

— Ingrat, répondit Mouchette, qui tira un troisième soutados de sa poche et le lui montra majestueusement avant de l'allumer! tu n'as même pas la mémoire du tabac.

— Bon! bon! on te la rendra ta moitié de cigare. T'es jocrisse à la foire de Saint-Cloud?

— L'hiver, au mois de février! Oh! mon oncle, tu me fais de la peine.

La plaisanterie préférée de Mouchette consistait à appeler Coquillard son oncle, ne se doutant pas qu'il marchait sur les brisées de Shakespeare.

— Si t'étais mon neveu, tu marcherais plus droit, graine de pendu.

— Tu voudrais que je pousse! Merci! On ne grandira pas pour la potence. D'abord faudrait s'expatrier pour être pendu, et j'peux pas, le gouvernement a besoin de moi.

— T'es passé mouche, Mouchette?

— Il y en a assez sans moi.

— Cristi! t'as monté une maison de banque?

— Banquier! moi? je ne me fierais pas à mes commis.

— Banquiste, alors?

— Donnes-tu ta langue aux chiens?

— Dame!

— Dame! oui, ou dame! non?

— Je veux que le tonnerre m'écrase si je sais de quoi t'es capable de t'occuper.

— Est-ce fini?

— Oui, parle.

— Depuis hier, fit Mouchette avec importance, je r'trouve les chiens perdus...

— Ah! la belle affaire! Moi aussi, quand j'en rencontre.

— Et j'sauve les noyés.

— Hein?

— Les noyés!

— Qu'est-ce que c'est que cette blague?

— Une blague! ma position sociale! Ah ben! t'es dur pour les Terre-Neuve, toi!

— T'as repêché quelqu'un, toi?

— A preuve! reluque-moi ça, répliqua le voyou en retirant de sa poche une pièce de vingt francs et cinq ou six pièces de cinq francs mêlées à de la menue monnaie.

— Quarante-cinq francs!

— Comme ça chante, hein?

Et il faisait joyeusement sauter le tout dans ses mains.

— C'est donc vrai?

— Voilà! ajouta Mouchette avec un ton de supériorité railleuse, en lançant un regard de triomphe à son interlocuteur ébahi.

Et il remit son argent dans sa poche.

— T'as donc noyé un millionnaire, pour le repêcher après?

— C'est une idée, ça! mais elle ne m'était pas encore venue.

— Alors?

— Alors tu veux que je te conte la chose?

— Oui.

12.

— Quant à ça, je veux bien, d'autant plus que c'est drôle. Un p'tit verre, veux-tu ?

— L'eau d'affe fera passer l'histoire.

Ils se versèrent un verre de l'affreuse liqueur contenue dans la bouteille qui se trouvait sur l'escabeau, ils trinquèrent et burent en même temps.

— Vas-y, petit, dit Coquillard en reposant son verre vide.

Mouchette prit la grosse canne de Coquillard, frappa trois coups, comme un régisseur de théâtre, rendit la canne et commença :

— Pour lors, je venais de faire un tour de barrière... près d'une barrière que tu n'as pas besoin de connaître...

— Je les connais toutes, répondit bêtement Coquillard.

— Raison de plus ; c'est une de celles-là. J'avais donc pris l'air à mon aise. Il n'était qu'une heure du matin. Il faisait un temps de demoiselle. Le plus souvent que je serais rentré chez maman Pacline ; elle m'aurait fichu un poil de sept lieues.

— Bah

— Elle ne veut pas que je me couche passé huit heures, la brave femme.

— C'te blague !

— Aussi, je me couche souvent après huit heures du matin. Et puis, je ne peux pas dormir en même temps qu'elle ; elle ronfle comme une toupie d'Allemagne. Donc, après une course en douze temps qui m'a servi de paletot, v'là que je m'entends héler sur le quai de Billy... Je m'arrête, me disant : Quoi qu'on me demande ? Le son vient du fin fond de l'eau. C'est quelque sirène charmée par le physique chouette à Moumou.

— Fat ! va !
— Je r'arrange ma cravate.
— C'te ficelle-là ?
— Oui. Le jour elle ne fait pas d'effet, mais la nuit elle ferait descendre un pendu de son arbre.
— Il croirait courir après sa corde.
— Faut me mettre ça en verses !
— Va toujours, fit Coquillard, qui n'avait jamais eu autant d'esprit de sa vie :
— Je crie : Qui qui m'appelle ? — Moi ! qu'on me répond. — Qui ça, toi ? imbécile ! que je recrie.
— Filoche ! qu'on me répond. — Il n'avait pas besoin de me dire son nom ; je l'avais appelé imbécile, je l'avais reconnu par avance.
— Qui ça, Filoche ? demanda l'autre.
— Filoche le débardeur ; tu ne connais que lui...
— Moi ? non.
— Le copin à la Cigale.
— La Cigale ! en v'là encore un.
— Oh ! faut pas le mécaniser, c'est un bon, lui, et qui vous a dix doigts...
— Qu'est-ce qui n'a pas dix doigts ?
— Dix triques, lui.
— Ah ! ouiche... faudrait voir.

— Je t'engage à t'y frotter, ma bonne vieille, ricana le gamin. Il y aura de la colle sur le trimar (du sang par terre).

— Ah ça! voyons, contes-tu ton histoire, ou ne la contes-tu pas?

— Quand je commence, je finis toujours. Je regarde, et près de la berge, descendant à droite d'une des piles du pont, je vois un train de bois en dérive. — Viens-tu? me crie Filoche... Je te débarque à...

— Où demanda Coquillard.

— Nous ferons un cinq mille de bezigue, continua le gamin sans répondre. J'ai des cartes neuves, qui n'ont qu'un an, et un petit fil-en-quatre dont tu me diras des nouvelles. — As-tu un rince-bouche? que je lui dis. — Nous chercherons, viens. — Je prends mon élan, et je m'embarque. Comme ça, j'étais sûr de ne pas gêner le canon de la mère Pacline. — Donne-moi du feu, veux-tu?

— En v'là, moutard!

— Bon ! je me guérirai de ma jeunesse, si tu te guéris jamais de ton âge mûr, toi; ça étonnera bien des femmes honnêtes.

— Continue, répliqua Coquillard, qui supportait toutes les railleries du voyou, tenant à savoir les détails de sa nuitée.

— Une fois à bord...

— A bord de quoi?

— A bord de la frégate la *Désirée*, commandée

par l'amiral Filoche, je lui dis : C'est pas tout ça. Quoique ça me rapportera, ce voyage ? — De l'agrément et quinze ronds. — Paye d'abord. — Il m'aboule les quinze — et il allonge les brêmes sur un madrier.

— Mazette ! ça devait être une belle partie.

— Mais on s'en flatte, fit Mouchette avec modestie ; on maquille le dab de carreau avec assez d'entregent.

— D'entre quoi ?

— D'entregent... comme qui dirait avec astuce.

— Ah ! nom de nom ! dévide le jars — parle argot — ou parle français, mais si tu t'expliques en japonais... Pour lors ?

— Pour lors... il donne... La partie s'engage, j'en avais déjà deux mille sept cent quarante. J'annonce : Toutes ces dames, au salon !

— Comment ?

— Soixante de femmes, quoi ? Tu ne sais donc rien, toi ? — Filoche me répond par : Quarante de larbins, dont deux de carreau. — Plus de cinq cents pour moi, non d'un chien ! — Monsieur se trouve mal ? me dit Filoche en se fichant de mon malheur ; monsieur s'évanouille ? faut-il jeter une goutte d'eau sur la narine gauche de monsieur ?... Il n'a pas plutôt lâché cette blague, que fich ! placq ! pouff ! v'là un bruit du diable qui se fait près de nous. Pif ! pan ! boum ! un vrai rire d'obusier ! Le dôme des Invalides tombe dans l'eau ! Des milliers de gouttes, une gerbe liquide nous saute à la figure, flanque la lanterne à bas, balaye les cartes et nous rafraîchit de la tête aux pieds !

— Quelle chance ! dit Coquillard, va toujours, ça me pique le gosier.

— Filoche éternue, je lui crie : Dieu te bénisse En deux temps, habit bas, pas plus de feuille de vigne que sur ton nez... Nous étions beaux tous les deux, comme ça ! — Ça y est ! — Houp là ! Nous y sommes. Il prend la chose par le pôle nord, moi par le pôle sud, et nous regrimpons sur le radeau.

— Mâtin !

— Mâtin ! oui ! c'était lourd... cent kilos, au moins, les gouttes d'eau comprises.

— C'était ton noyé.

— Après, peut-être bien. Mais du premier coup de mirette, un saucisson de Lyon, fagotté, ficelé, entortillé dans une couverture de cheval dont je compte ben me faire faire un vêtement complet par mòssieu Humann. Filoche rallume sa lanterne. Je déficelle notre trouvaille. Ah ! qué bel homme ! et un trou dans la poitrine ! Ah ! qué beau trou ! Il y avait de quoi y fourrer une bougie de l'Étoile !

— Un assassinat ?

— Ou une vengeance de femme amoureuse.

— Ah ! ouiche !

— Mon vieux, répondit Mouchette avec fatuité, j'en connais d'aucune qui ne se contenterait pas d'un tour de vrille...

— Le plus souvent ! Ous qu'est ta barbe ?

— C'est bien à toi, à parler de barbe, toi qui...

— Ah ! mais, t'as pas fini... bougonna Coquillard, qui se tourna de façon à se mettre dans l'ombre et à cacher cet admirable ornement de son disgracieux faciès... Eh bien ! ce noyé, ce blessé ?...

— Ah ! voilà.

Mouchette allait répondre à l'interrogation de Coquillard, mais la porte du logement, violemment poussée du dehors, s'ouvrit et un homme entra.

Le gamin se retourna.

— Tiens, Cigale ! Ah ! bien ! t'arrive comme mars en carême, dit-il en regardant Coquillard avec un sourire narquois.

— En v'là une scie ! grommela celui-ci entre ses dents, plus moyen de rien savoir.

— Salut, messieurs, mesdames et la compagnie, fit poliment la Cigale en nettoyant ses souliers sur le semblant de paillasson qui se trouvait, non pas sur le carré, mais à l'entrée de la chambre.

Coquillard se détourna avec humeur, sans que le nouveau venu eût l'air de s'en apercevoir.

Mouchette, se levant de son tabouret, l'offrit avec cérémonie à son nouvel hôte, qui ne se fit pas prier pour l'accepter.

— Veux-tu te rafraîchir, mon petit ? demanda l'embryon au géant.

— Ce n'est pas de refus. Qu'éque vous buvez ?

— De la fine champagne de chez Ramponneau, retour de Montmartre.

— Ça réchauffe, j'accepte.

— Il n'y a que deux verres, mais faut pas vous gêner, messeigneurs, dit Mouchette en prenant une pose à la Mélingue. Je piquerai à même le carafon.

— Ce n'est pas la peine, grogna Coquillard. J'en ai assez.

Mouchette remplit les verres, en offrit un à la Cigale et ingurgita l'autre.

Tout en buvant, après avoir fait une espèce de salut militaire avec son petit verre, celui-ci examinait sournoisement l'homme à la longue barbe.

— Voyons. Un dernier mot, petiot, faut que je me cavale, dit Coquillard.

— T'es pressé !
— Oui.

— T'aimes mieux causer à deux qu'à trois, pas vrai? fit il en ricanant.

— Ah! tu ne vas pas recommencer? répondit l'autre en louchant du côté du géant, qui humait son petit verre et le dégustait à petites gorgées.

— Pousse ton venin !
— C'est le dimanche gras, jord'hui.
— Jusqu'à demain lundi, que je présuppose.
— Eh ben! tu le sais, nous sommes une société.
— Aimable.
— Qui va nocer et danser.

— Où ça?

— Chez le père Signol.

— Rue d'Angoulême-du-Temple?

— A sept heures de relevée.

— C'est une bonne heure.

— Viendras-tu?

— On n'a jamais pu savoir, dit Mouchette.

— Réponds : oui ou non.

— Oui ou non, répliqua le gamin avec un sang-froid imperturbable.

— Cré nom! tu te fiches de moi! cria Coquillard impatienté.

— On n'a jamais pu savoir non plus.

— Ah! mais...

— Voyons, calmons-nous. Si je viens, je serai-t-y libre de m'en aller?

— Eh! oui.

— De roupiller?

— Parbleu!

— De faire ce que je voudrai, à la fin des fins?

— Oui, nom de mille fois oui, pourvu que tu viennes.

— Ta parole?

— Ma parole.

— Sacrée?

— Sacrrr....ée..., fit Coquillard, qui retint le plus rude juron de son répertoire.

— La Cigale, je te prends à témoin.

— J'en lève... la main, répondit la Cigale, qui

leva le coude pour avaler les dernières gouttes d'eau-de-vie contenues dans son petit verre.

— Un moment... A ta santé, bel homme !

— A la tienne... et à celle de la société !

Après avoir reposé son récipient sur l'escabeau, ce dernier fit claquer sa langue entre ses dents, passa le dos de sa large main sur sa bouche pour l'essuyer, et, regardant les deux compagnons en souriant de son sourire le plus naïf, le plus innocent :

— Il faut être poli avec tout le monde, n'est-ce pas ?

— C'est un sucre, fit le gamin.

— Avec Mouchette aussi bien qu'avec les mouches.

— Hein ? rugit Coquillard en se redressant et en fronçant le sourcil. Hé ! l'homme, est-ce que c'est pour...

— De quoi ?

— Je vous demande... enfin... pour qui que c'est que vous dites ça ?

— Je n'ai nommé personne. Qui se sent morveux se mouche, répondit le géant de sa voix la plus tendre, et en faisant un pas de retraite.

L'admirable scène de maître Jacques et de Valère, dans l'*Avare*, sera toujours vraie.

Ce pas de retraite fit faire deux pas en avant à son adversaire.

Mouchette se curait les dents avec une branche de ciseaux dépareillée.

— Ous qu'est ta mère, l'enfant? lui demanda la Cigale.

— A ses affaires... la brave femme. Je l'attends.

Cependant Coquillard, encouragé par la douceur de la Cigale, et voulant se montrer aux yeux du gamin, s'avança encore, s'appuya sur son gourdin, et regardant le premier dans le blanc des yeux :

— Dites donc, vous, si vous avez l'intention de m'esbrouffer, faut pas y aller par quatre chemins.

— Moi? Pas le moins du monde. Je ne vous connais pas et je ne tiens pas à faire votre connaissance. Laissez-moi tranquille, c'est tout ce que je vous demande.

— Il n'est pas très-exigeant, murmura Mouchette de façon à jeter de l'huile sur le feu.

— Ah! mais, faut voir, reprit l'agresseur. Il ne s'agit pas de lancer des fusées d'essai, et puis après de barguigner comme un caneton.

— Couen! couen! fit le gamin.

— Ah ça, voyons, me ficherez-vous la paix à la fin? demanda la Cigale.

— C'est que je n'entends pas qu'on se conduise comme ça avec moi.

— Il faut des excuses à monsieur?

— Pourquoi pas?

— Ecrites?

— Et signées en toutes lettres.

— Qué dommage que je sois pas allé à l'école !
dit le géant, qui, sans avoir l'air de rien, se tenait
sur ses gardes, et bien lui en prit : l'homme à la
longue barbe n'en fit ni une ni deux ; sans dire
gare, son énorme rotin levé, il s'élança sur lui.

La Cigale fit un saut de côté, le bâton siffla
dans le vide, tomba sur la bouteille, qu'il brisa, et
sur l'escabeau, qu'il envoya dans un coin de la
chambre.

Alors la Cigale étendant le bras gauche prit son
agresseur par la nuque, le souleva à la force du
poignet, et tout grouillant, tout gigotant, il le
porta sur le carré.

— Tiens ! Coquillard qui fait Guignol ! s'écria
Mouchette, qui riait à se tordre.

— Veux-tu me lâcher, brigand !... Ah ! je te
mangerai le nez... hurlait le misérable, râlant
presque sous l'étreinte de fer qui le tenait suspendu
sur les premières marches de l'escalier.

— Merci, répondit le géant. Je n'en ai qu'un et
j'y tiens... Allons, soyons sage et lâchons notre
badine.

Coquillard, qui serrait convulsivement son
rotin, cherchait à porter un coup de bas à son
bourreau.

La Cigale, qui le tenait de la main gauche, le
lui arracha de la droite.

— Là ! serez-vous raisonnable ?

— Canaille! lui cria une voix qui n'avait plus rien d'humain.

— Polichinelle et le commissaire! riait Mouchette. Ah! mon pauvre Coquillard, ça vaut dix centimes. Je te les dois.

— Je te repigerai, toi...

— Chez le père de Signol, à sept heures. C'est convenu.

Coquillard, qui était parvenu à saisir la main de la Cigale, la mordit jusqu'au sang...

— V'là qu'est gentil, dit tranquillement le géant, j'allais le lâcher..

Et sans ajouter un mot de plus, il le lâcha... dans l'escalier.

Le misérable dégringola, la tête la première, les marches visqueuses, en hurlant.

— Bien des choses chez vous, lui cria Mouchette par-dessus la rampe.

Coquillard cherchait vainement à se retenir, à se rattraper; il roula jusqu'au bas de l'escalier. A terre, force lui fut de s'arrêter, mais il s'arrêta, étourdi, moulu, rompu.

— Quel dommage que la cave ne soit pas ouverte! disait Mouchette.

— Scélérats! voleurs! escarpes!... Je vous repincerai tous les deux, leur lança-t-il, à cinq étages de distance. Ah! gredins, vous me payerez ça plus cher que vous ne le pensez.

Et il écumait, et il serrait les poings avec rage,

d'autant plus furieux qu'il avait été plus insolent.

A une dernière injure plus violente, plus ordurière que les autres, une voix narquoise et calme lui dit :

— Gare là-dessous, mon brave ami !

Et son gourdin lui tomba en plein corps.

Coquillard en eut assez.

Il ramassa son bâton; et clopin clopant, proférant d'horribles menaces contre la Cigale et contre Mouchette, qui ne l'avait pas défendu, il sortit de l'allée à peine éclairée.

Une fois au dehors, il essuya tant bien que mal le sang qui lui coulait à la fois par la bouche et par le nez, puis montrant encore une fois le poing à ceux qu l'avaient si cruellement, mais si justement maltraité :

— J'aurai mon tour, fit-il.

Et il s'éloigna, pas assez vite cependant pour ne pas entendre la voix perçante du voyou de Paris, qui chantait à perce-tête :

> Malbrough s'en va-t-en guerre,
> Mironton, tonton, mirontaine,
> Malbrough s'en va-t-en guerre,
> Ne sais quand reviendra.

IX

Où Raton taquine Bertrand.

— Cré croquin ! dit avec admiration Mouchette à la Cigale, qui rentrait de son pas tranquille dans la chambre, cré coquin ! vous pouvez vous vanter d'avoir une rude pince, vous !

— Tiens ! tu ne me tutoies plus, moucheron ?

— C'est vrai ! je suis cruche...

Et le petit, tournant autour du colosse comme un connaisseur ou un maquignon tourne autour du cheval qu'il veut examiner sur toutes ses coutures avant de l'acheter :

— Nom d'une pipe ! comme c'est établi ! Le beau travail ! Mes compliments à tes père et mère !

— Ah ! pas de bêtises ! moucheron ! touchons pas à ça !

— Et du cœur par-dessus le marché !

Il retroussait la manche droite de sa blouse tout en parlant, et il en sortait un bras maigre et long.

— Qué que tu fais donc?

Mais Mouchette, sans lui répondre, retroussa également la manche droite du bourgeron de la Cigale et mit à nu un bras formidable, monstrueux assemblage de muscles saillants comme des cordes à puits et de nerfs d'acier enchevêtrés les uns dans les autres.

— A-t-il des idées ! tu veux nous tatouer le biceps ?

— Non, je veux piger, fit l'enfant, en plaçant son bras à côté de celui du géant.

Celui-ci se mit à rire, mais il se prêta à sa fantaisie.

— C'est assez drôle tout de même ! répliqua Mouchette, qui ne riait pas. Une allumette et un mât de cocagne, pas vrai ?

— Dame ! le fait est que tu ne pèses pas lourd.

— Eh bien ! ma vieille, souviens-toi de ce que je te dis : le jour où ceci — il montrait son poignet et sa main droite — s'en prendra à cela, — et il montra la poigne énorme de la Cigale — ceci brisera cela comme un goulot de bouteille.

— Vrai? répondit l'autre, qui s'amusait de l'air sérieux du gamin. Et comment t'y prendrais-tu, Moumouche?

— Ainsi, fit Mouchette.

Et plus rapide que l'éclair, il se glissa, passa entre les jambes du colosse solidement arcbouté, et lui bondissant à califourchon sur les épaules, il lui posa sur le crâne la gueule béante d'un revolver à six coups.

— En v'là de la gymnastique! dit la Cigale, qui ne tourna même pas la tête du côté du voyou. Faudrait voir à ne pas jouer avec les armes à feu, tu pourrais te blesser, petit.

Mouchette dégringola du haut de son perchoir et se retrouva en un instant sur ses jambes :

— T'es un rude mâle, sais-tu, la Cigale?

— Je le sais.

— Si j'ai jamais besoin d'un coup de main, je peux-t'y compter sur toi?

— Pour le bien, toujours.

— Je laisse le mal à Coquillard. Je suis le fils de la Pacline... c'est-à-dire son fils... enfin je mange son pain, et je ne veux pas gagner le mien plus malhonnêtement qu'elle, la pauvre femme.

— Alors, pourquoi portes-tu des outils à six bouches comme celui-là dans ton portefeuille?

— C'est un cadeau qu'on m'a fait.

— Qui ça?

— Une riche Anglaise dont j'ai retrouvé le kings Charles. Je lui rapporte son caniche, elle pleure de joie dans mon sein et m'offre de l'argent. — Merci bien, que je lui fais, je reçois rien des femmes. — Aoh! portant, jé volé récompenser vô. — Il y avait

13.

ce joujou sur la cheminée. Je lui dis : Eh ben ! ma bonne dame, donnez-moi ce machin-là. — Le revolver de Milord Blackword, jé donné à vô tôt de même.

— Et ça t'a servi ?

— A rien, mais l'avenir est à Dieu, et le revolver est à moi. — C'est égal. — La morale de la chose, la v'là : Il n'y a pas de poigne grosse comme la tienne qui soit plus forte qu'une de ces petites balles pointues.

— Savoir. J'en ai reçu pas mal, de balles dans ma carcasse, et je suis encore bon du poignet. Mais ce n'est pas tout ça... ce n'est pas de ça qu'il s'agit.

— De quoi alors ?

— J'ai à causer un brin avec toi, petit.

— Vas-y carrément, je t'écoute.

— Oui, mais là, sérieusement.

— Ça va être embêtant... Attends un peu que je me leste...

Mouchette chercha la bouteille, mais il se souvint que le gourdin de Coquillard l'avait brisée et en avait répandu le contenu sur le plancher, qui s'était empressé de la boire jusqu'à la dernière goutte.

— Gueusard de Coquillard! fit-il. Veux-tu que je descende chez le pharmacien?

— Chez le pharmacien?

— C'est comme ça que maman Pacline appelle le liquoriste.

— Non. T'as assez bu, et tant mieux s'il ne reste

plus d'eau-de-vie, la Pacline en jeûnera ce soir. Une fois, par hasard, ça ne lui fera pas de mal.

— Le plus souvent qu'elle s'en privera. La mère a sa bibliothèque de réserve. Je sais où c'est, mais je n'y touche jamais, c'est sacré pour moi.

— Il y a l'étoffe d'un bon gars en toi, fit le colosse en lui donnant un petit coup sur la joue. Je l'ai toujours pensé.

— Bigre! s'écria Mouchette, dont la joue était devenue rouge sous la caresse de son redoutable ami. Pas tant de moelleux dans les articulations, ou je te parle à distance.

— Voyons, es-tu capable de...

— Je suis capable de tout, quand je veux.

— Tâche de le vouloir un peu, hein? Tu me feras plaisir, la chose est grave.

— Va ton train, Nicolas. De quoi s'agit-il?

— De ta mère, gamin.

— Hein! tu dis? fit Mouchette, dont la bouche grimaça une émotion pénible, mais qui, se sentant observé par le regard perçant de la Cigale, parvint promptement à prendre le dessus.

— Je dis : de ta mère.

— De maman Pacline?

— Non.

— Ah! tu sais?... Eh bien! oui, mon pauvre vieux, repartit l'enfant, qui cherchait à cacher sa douleur sous un masque de cynisme, c'est comme ça. Ma mère, ma vraie mère, connais pas. Je suis un enfant du pavé, moi. Eh! mâtin, c'te bonne Pacline, qui était alors réveilleuse à la halle, m'a ramassé, vers les quatre heures, sur un tas d'épluchures de choux, de carottes et de poireaux où on m'avait couché bien douillettement.

— Qui?

— Ah! si tu le sais, tu me rendras service de me l'apprendre. J'étais à moitié mort de faim et de froid; je pleurais que c'en était une bénédiction, et je criais comme un beau diable, tout ça à l'âge de deux ans.

— Tonnerre! fit la Cigale, il y a donc des âmes assez dures pour...

— Il y en a, mais en revanche il s'en trouve d'assez bonnes qui rétablissent l'équilibre dans les plateaux de la balance.

— Alors la Pacline t'a ramassé?

— Faut croire que, puisque me voilà. J'étais gentil à cette époque-là.

— Ah! bah!

— Merci bien! La brave femme eut pitié de moi et de mes grimaces.

— T'en faisais déjà?

— Alors, nous ne parlons pas sérieusement. Je veux bien, dit Mouchette, qui s'arrêta, blessé dans son amour-propre de conteur.

— J'ai tort. File ton nœud.

— Après m'avoir fourré sur son éventaire. Dans ce temps-là, elle étalait sa marchandise sous ses avant-scène, au lieu de la traîner dans son cabriolet. Elle me fit faire le tour des Halles. Cristi! quelle fête de baisers, de morceaux de sucre, de gros sous, de poissons frais et de légumes nouveaux! Toutes les dames de la Halle déclarèrent qu'on ne pouvait rien voir de plus intéressant que moi. Je devins une bonne affaire pour la mère Pacline. Elle me ramenait de temps à autre sur le carré des Halles, et comme j'allais, je venais, et que je bourdonnais toujours, on m'a appelé Mouchette.

— Comprends pas.

— Petite mouche.

— Ah! bon!

— V'là comment maman Pacline est devenue ma mère. Je ne l'ai plus quittée depuis ce matin-là, et je m'en trouve bien pour elle et pour moi.

Tout en se livrant à quelques interruptions inévitables dans une nature aussi peu primesautière, la Cigale avait prêté la plus sérieuse attention aux paroles du gamin.

— Ce que tu me racontes-là me fait du bien au cœur, dit-il. Je suis bien content de m'assurer que c'est une bonne et brave femme.

— Un cœur d'or, tout bonnement.

— Oui, mais...

— Mais quoi?

— Elle a un défaut.

— Un défaut! maman Pacline! Je voudrais bien

faire sa connaissance, s'écria Mouchette avec animation.

— Oh! chacun a les siens, répliqua philosophiquement le colosse. Moi-même, je ne suis pas parfait.

— Tu m'étonnes !

— Ta parole ?

— D'onze heures. Ne rions plus et raconte-moi quel est le défaut de cette chère maman. Je l'en corrigerai.

— Elle aime un peu trop à boire.

— Et après.

— C'est tout.

— Pas possible, fit le gamin, et tu l'attaques pour ça.

— Dame ! quand elle boit elle s'enivre.

— Quand elle s'enivre elle s'endort et tout est réglé. Ah ben ! le plus souvent que je lui reprocherai sa boisson, à c'te pauvre chérie, c'est sa seule consolation en ce bas monde. Il paraît qu'elle a eu des malheurs dans son jeune temps.

— A ton aise. Où est-elle maintenant ?

— Elle n'est pas rentrée, mais elle ne tardera pas.

— Tu ne sais pas où elle va ?

— Tu me prends pour Coquillard, mon petit vieux !

— Tu ne veux pas me répondre. Alors il faut que je l'attende ici.

— Attendons. Ça ne changera rien à notre position sociale.

— Je peux allumer Bébelle?

— Qui ça, Bébelle?

— Ma pipe.

— Pourvu que tu n'abîmes pas les tentures, dit Mouchette en riant sec.

— Non, mais c'est qu'il y a des femmes qui n'aiment pas ce parfum-là.

La Cigale tira un brûle-gueule de sa poche, le bourra, l'alluma, le vissa entre ses dents et se mit à le fumer en silence.

Au bout de quelques instants, Mouchette, que cela ennuyait de ne pas se sentir remuer et pour qui remuer c'était vivre, dit au géant :

— T'as plus rien à me demander?

— Non, plus rien, répondit l'autre entre deux bouffées de fumée qui le firent disparaître momentanément.

— Alors je vais m'étendre sur mon lit de sangle. Tu attendras la mère tout seul.

Et il se dirigea vers l'autre pièce.

La Cigale fit un geste de désappointement, qui ne fut pas aperçu par le petit; puis, prenant son courage à deux mains et affectant l'attitude la plus indifférente.

— Tu t'es amusé, hier, môme? lui dit-il.

— Comme tous les jours.

— Qu'éque t'as fait?

— Des bêtises.

— Et après ?

— Je me suis promené depuis la Madeleine jusqu'à la Bastille et vice Versailles.

— Tu parles bien, toi. Alors, tu te promènes le jour ?

— Comme un omnibus complet.

— Mais la nuit ?

— Ah ! la nuit... fit le gamin en se grattant l'occiput... la nuit, voilà, je.... dors.

— Tu me blagues. Tu n'as pas dormi cette nuit, je le sais.

— Ça se voit donc ?

— A tes yeux, oui.

— Alors, j'avoue.

— Quoi ?

— Dame ! tu sais, ma vieille, il ne fait pas très-clair.

— Je m'en doute.

— De sorte que je me suis perdu de vue moi-même.

— Ah !

— Et que je n'ai pas pu me retrouver avant ce matin, répondit le gamin d'un air goguenard.

— Tu as donc la vue bien mauvaise, à c't' heure ?

— Une infamie. Je n'peux pas tant seulement suivre mon nez dans ses circonvolutions.

— Dis donc, Moumouche, si je te coiffais... fit

le colosse en allongeant sa large main toute grande ouverte.

— Tu humilies ma casquette, répondit le petit sans bouger.

— D'une bonne beigne, continua l'autre.

— Pourquoi faire?

— Pour te faire souvenir que la nuit dernière était claire comme un jour de printemps.

— C'est vrai qu'il y avait une lune à se mirer dedans.

— Tu vois! Il ne s'agit que de s'entendre.

— Alors, si ce n'est pas mes yeux, c'est ma mémoire qui est malade.

— Faudra la faire soigner.

— J'y penserai.

— Assez causé! fit le géant avec impatience.

— Faut se taire, à présent?

— On t'a vu vers les onze heures du côté de la barrière Fontainebleau.

— J'y vais quelquefois.

— On t'y a vu hier.

— Ah! eh ben! c'est que j'y étais, et après je n'y étais plus.

— Après? Tu te promenais du côté des Invalides.

— Sabre de bois! la trotte est bonne.

— Oh! t'as des jambes de quinze lieues à la nuit, quand ça te passe par la boule.

Mouchette ne répondit pas. Il réfléchissait.

La Cigale attendit quelques instants, et le prenant par le bras :

— Tu m'entends ? Faut me répondre.

— Ah ! ça, ma jolie Cigale, fit le gamin sortant de son mutisme, qui est-ce qui te renseigne si bien, toi ?

— Personne. Je m'intéresse à mes amis et camaraux, et comme tu en es un, il me semble tout naturel de m'intéresser à ton sort.

— Alors, je n'ai plus à m'occuper de moi-même, ricana Mouchette, tu veilles sur moi depuis le matin jusqu'au soir.

— Quand ça se trouve.

— Et depuis le soir jusqu'au matin ?

— Quand c'est nécessaire.

— Merci. Quelle bonne balançoire !

— Tu doutes de mon amitié pour toi, petit ?

— Je ne dis pas... Mais seulement, de même que je flâne pour flâner, toi, ma vieille...

Il s'arrêta.

— Moi, va donc !

— Toi, c'est pour autre chose. Voilà tout.

— Où est le mal ?

— Je ne suis pas sorcier, sans ça...

— Voyons, petiot, sois franc, d'autant plus que tu n'as pas à cacher ce que tu as fait cette nuit.

— Qui est-ce qui se cache ? Je ne mets pas de faux nez, mais je n'aime pas raconter mes affaires...

— Ou te vanter de tes belles actions...

— Zim! boum! zin la la! zim! boum! fit Mouchette en imitant l'orchestre d'une troupe de saltimbanques.

— Il n'en est pas moins vrai que tu as sauvé un homme, sur les deux heures du matin.

— Oh! un homme... la moitié d'un homme... Nous étions deux à le repêcher. Et puis, qui vous a appris ça?

— Toi, mon gamin.

— Elle est encore rupe, celle-là!

— Tu l'as raconté tout à l'heure à ce serin de Coquillard.

— Tiens! t'écoutes aussi aux portes?

— C'est le seul moyen que j'aie trouvé pour bien entendre, et puis, je suis entré pour ne pas en entendre davantage.

— Oui, fit l'enfant, d'autant plus que je ne voulais plus rien dire du tout.

— Il y a un peu de vrai... fit la Cigale en riant sous cape.

— Monsieur la Cigale, madame la Cigale, mademoiselle la Cigale, répondit Mouchette en gonflant ses maigres joues et en se donnant les inflexions de voix les plus variées et les plus comiques, il me paraît que votre honorable famille fait un drôle de métier.

— On est débardeur à Bercy, oui.

— Hum! tu me fais l'effet de débarder de drôles de marchandises, mon petit père.

— Quand ça se rencontre, tout de même. Et c'est un homme cossu que t'as retiré du bouillon? dit la Cigale, rompant les chiens.

— Il en avait l'encolure.

— Est-il mort?

— Je ne crois pas.

— A-t-on l'espoir de le sauver?

— Je n'en sais rien.

— Son nom, son adresse, les connais-tu?

— Ni vu ni connu, je t'embrouille.

— Cependant, on l'a transporté quelque part.

— Il y a des chances, à moins qu'on ne l'ait replongé dans la rivière.

— Alors tu ne veux rien me dire?

— V'là une heure que nous causons.

— Tu n'es pas gentil.

— V'là la première fois que j'entends dire ça. Ça t'intéresse donc un peu, beaucoup, passionnément, cette noyade?

— Couci, couça.

— Tu connais mon noyé?

— Non, mais je voudrais le connaître.

— Pourquoi faire?

— Pour le connaître. Si jamais t'es dans l'embarras, si c'est un homme bien posé, je lui demanderai sa protection pour toi.

— T'es un vrai ami, toi, fit le gamin, en ayant l'air d'essuyer une larme.

Le colosse se mordit les lèvres. Il comprit qu'il

faisait fausse route, et qu'en continuant de la sorte, Mouchette fin et rusé, ne se laisserait pas aller à la moindre confidence.

Il se décida à faire preuve d'une demi-franchise.

— Une personne... que je n'ai pas besoin de nommer.

— Pardine !

— M'avait chargé de prendre des renseignements à ce sujet-là. Comprends-tu ?

— Je comprends que tu voulais m'extirper les lézards de mes jolies narines, mon bonhomme.

— Suis-je ton ami ? Es-tu le mien ?

— Il n'y a qu'entre amis qu'on se fait des canailleries. Il n'y a que les camarades qui vous blousent. Tu me prends donc pour un imbécile ?

— Sois franc, on t'a recommandé la discrétion la plus profonde ?

— Sois franc aussi toi, la Cigale.

— Je ne mens jamais.

— Dis-moi le nom de ton curieux et je te colle le nom et l'adresse de mon noyé.

— Tu la sais donc ?

— Je la trouverai.

— Mon petit Moumouche, dit le géant d'un ton caressant.

— Mon vieux Gagale, répondit le voyou d'une voix pleine de chatteries et de traînaillements.

— T'a-t-on payé pour te taire ?

— T'a-t-on payé pour me questionner ?

— Ah ! t'es vicieux pour ton âge.

— T'es bien innocent pour le tien.

— Enfin... voyons... il n'y a pas moyen de savoir... On t'a donc recommandé le silence sous peine de la vie ?

— J'obéis jamais à la menace. Si on m'avait menacé, il y a plus d'une heure que t'en saurais autant que moi.

— On t'a donc supplié ?

— Ah ! zut ! à la fin... Personne ne m'a rien recommandé, personne ne s'est mis à mes genoux ; une fois ma récompense touchée, on m'a planté là comme un caillou, ce qui m'a humilié et...

— Et...

— Et, ajouta Mouchette, ça m'a fait les suivre sans qu'ils se doutent le moins du monde que je les suivais.

— Ah ! tu les as suivis ! tu vois.

— Pardine, puisque je te le dis... Mais c'est tout ce que je te dirai.

— Allons, il faut en prendre son parti... fit la Cigale, qui soupira, tout en pensant à part lui : — Petit mâtin, je te ferai parler avant vingt-quatre heures.

— La séance est levée, hein ! mon président ?

— Il le faut bien. J'entends la Pacline.

— Oui, fit Mouchette en se précipitant, c'est elle qui se casse le cou dans l'*escayer*... Puis, s'arrêtant sur le seuil... T'as quelque chose à lui demander ?

— Qu'est-ce que ça te fait? répondit la Cigale, tu refuses de t'épancher dans le sein d'un ami, je n'ai pas besoin de te raconter mes affaires.

— Fameux! la Cigale qui fait son nez!

— Je ne fais pas mon nez, mais je suis vexé, dit le géant avec bonhomie.

— C'est tout de même.

— Non; à preuve que je ne t'en veux pas, je vas te donner...

— Quoi? fit le gamin, qui tendit la main.

— Un bon conseil.

— Ah! répondit Mouchette, qui retira sa main, je tiens de cette marchandise là aussi. Elle n'est pas chère.

— Méfie-toi de Coquillard, c'est une mauvaise pratique.

— Ce n'est pas lui qui me fera danser sans violon, et ce n'est pas à moi qu'il doit en vouloir le plus.

— Oh! non! je le crains peu! répliqua le colosse en riant de son rire tranquille.

— Ni moi non plus, dit Mouchette. Merci tout de même, mon Cigale; t'es un bon zigue et je te pardonne ta curiosité.

— V'là maman Pacline, fit la Cigale; plus un mot là-dessus.

La porte s'ouvrit.

La Pacline entra.

X

La Réveilleuse.

Marie-Etiennette Brizard, fille de feu Antoine Brizard, ex-sergent aux grenadiers de la garde impériale, et de Jacqueline Malassis, son épouse légitime, marchande de marée, avait, dans son temps, passé pour une des plus jolies filles du carreau des Halles.

Mariée toute jeune à un homme qu'elle adorait et dont elle était adorée, elle resta veuve et mère d'une petite fille, après trois ans de ménage et de bonheur.

Son mari, Pierre Paclin, exerçait le dangereux état de couvreur.

Un jour qu'il remplissait sa terrible tâche avec l'insouciance ordinaire aux ouvriers de sa classe, le rire aux lèvres et le souvenir de sa femme ou de sa fille dans la tête, un tuyau se défonça sous ses pieds.

Il tomba du haut d'un toit et se tua raide.

Une heure après, on rapportait à la pauvre femme le corps de son mari, sanglant, mutilé, inanimé.

Marie-Etiennette manqua devenir folle de douleur.

Sa douleur ne trouva pas de larmes.

Elle avait à peine vingt ans ; un instant l'idée du suicide lui traversa le cerveau, mais un cri de sa fille la rappela à la raison.

Elle était mère ; elle vécut.

Seulement, la veuve Pacline — on l'appelait ainsi aux Halles — renonçant, à partir de ce jour, à tous les plaisirs, à toutes les distractions de son âge, ne s'occupa plus que de son enfant, le seul but utile de sa vie solitaire.

Toutes ses affections s'étaient reportées sur la tête chérie de sa petite Marguerite.

Aussi bien était-il impossible de rien voir de plus séduisant que cette enfant-là.

Agé de deux ans, ce chérubin blond et rose, aux grands yeux bleus reflétant l'azur du ciel, avait déjà un air grave et plein de rêverie qui faisait dire à mesdames les maraîchères :

— La petiote connaît son malheur et celui de sa pauvre mère.

Puis, de temps à autre, tout en faisant sauter entre leurs bras robustes la frêle et mignonne créature qui semblait regretter ses ailes d'ange, elles ajoutaient :

— Cette enfant là est trop *fragile*. Elle ne fera pas de vieux os. Et c'est bien dommage ! Qu'est-ce qu'on fera de la mère, si la fille vient à s'en aller ?

Mais, malgré les mauvais pronostics, Marguerite grandissait.

Elle commençait à bégayer quelques mots.

Son doux gazouillement, ses rires cristallins remplissaient de joie et de soleil la pauvre mansarde que Marie-Étiennette Paclin occupait avec elle.

C'était chose touchante que le spectacle de cette jeune femme, vieillie par un désespoir prématuré, et renaissant à la vie, à la lumière, à l'espérance, grâce aux jeux de son enfant.

La Pacline couvrait Marguerite de baisers ; elle lui parlait comme si celle-ci eût pu la comprendre, elle en faisait sa confidente intime, et lui racontait tout ce qu'elle avait dans le cœur de souvenirs et de regrets.

Marguerite lui répondait en lui passant ses petits bras autour du cou, et s'endormait le plus souvent sur son sein, bercée doucement par une de ces chansons enfantines que les mères chantent si bien.

Aimable et naïve crédulité que Dieu met dans l'âme de toutes les femmes !

La Pacline, si cruellement éprouvée pour son propre compte, ne voyait rien que d'heureux dans l'avenir de sa fille.

Elle bâtissait déjà sur cette tête, si jeune et si chère, les plus fastueux châteaux en Espagne, voyant, malgré ses déboires et ses déconvenues de chaque jour, la vie tout en rose, dès que ses regards attendris tombaient sur le frais visage de son ange blond.

Ce fut le plus heureux temps de la jeune mère.

Elle était presque parvenue à croire que son mari n'avait pas emporté avec lui toute sa part de bonheur en ce bas monde.

Tout en restant fidèle à son souvenir, elle se surprenait par moments à ne pas trop regretter le passé.

Le lutin de sa mansarde, la joie de son modeste foyer, venait d'atteindre sa cinquième année.

Marguerite devenait un petit personnage.

Elle aidait sa mère dans ses marchés, et, sur ma foi, plus d'un l'appelait déjà : *Mademoiselle Margoton*, long comme le bras.

Tout le monde en raffolait, tant elle était charmante.

Les affaires marchaient bien.

Tout donnait à croire que la mère et la fille se retireraient un jour du commerce avec une aisance honnêtement gagnée.

Mais, hélas ! rien n'est vrai et sûr que le malheur.

Et depuis Polycrate, le tyran de Samos, qui ne put conjurer sa mauvaise fortune en jetant son anneau à la mer, jusqu'au pierrot de la foire Saint-Laurent, qui n'avait pas trouvé d'autre moyen d'échapper à la mort que de se pendre, la vie a toujours été une longue suite d'ennuis et de misères.

Courts sont les plaisirs !

Rares les bonheurs.

La Pacline n'avait pas de bague à jeter dans la Seine ; elle ne craignait pas la mort, elle ne tremblait que dans la personne de sa fille chérie.

Ce fut dans sa fille que son mauvais ange la frappa.

Marguerite, tous les matins, accompagnait sa mère à la Halle ; on lui avait réservé une des meilleures places du Carreau.

La Pacline avait ses chalands particuliers et une clientèle ordinaire, que lui assuraient ses manières honnêtes et tristes, sur lesquelles brochait l'allure vive et carressante de Marguerite.

Et cela, sans qu'une seule des commères, ses voisines, fortes en gueule et en jalousie, se permît la moindre observation.

Il semblait, au contraire, que chacune de ces

bonnes âmes fût enchantée du succès de l'orpheline et de la réussite de la veuve.

Aussi fallait-il voir comme *mademoiselle Margoton* vous recevait son monde du haut de sa gentillesse et de la petite chaise où on la plaçait dès son arrivée au carreau des Halles !

Un matin, le premier vendredi du mois de mars, vers les sept heures, au moment le plus actif de la vente, en plein coup de feu, la Pacline, qui venait d'écouler les derniers rogatons de sa marchandise n'entendant plus rire ni chanter auprès d'elle, jeta les yeux sur la petite chaise de sa fille et la trouva vide.

Ce matin-là, précisément, à cause de l'affluence des acheteurs et de la cohue extraordinaire, elle avait recommandé à l'enfant de ne pas bouger.

— Marguerite ! appela-t-elle.

Mais Marguerite ne répondit pas.

— Petit diable ! pensa la mère, elle sera encore allée jouer avec le petit de Mme Beaupré. Voilà ce que c'est que de la trop gâter. Elle ne m'obéit plus.

Et elle recommença à crier de plus belle :

— Margot ! Margoton ! viens ! viens vite !

Rien.

La Pacline, impatientée de ce silence continu, sortit de son comptoir et courut chez Mme Beaupré, sa voisine.

Celle-ci n'était pas à son établi.

Elle venait d'aller à l'autre bout du Carreau.
Et la Pacline attendit.

Mais Mme Beaupré revint. Elle n'avait pas amené, ce matin-là, son fils au marché, la vente durant ; elle n'avait même pas aperçu la fille de sa voisine.

— Ah! mon Dieu! fit la pauvre mère, dont une secrète angoisse, un sombre pressentiment vint traverser le cœur, comme eût pu le traverser la pointe d'un couteau. Ah! mon Dieu!

Et cherchant à maîtriser l'émotion qui envahissait toutes ses facultés, elle se précipita, affolée, tremblante, allant de l'une à l'autre, et n'ayant qu'un seul mot à la bouche :

— Ma fille! vous n'avez pas vu ma fille?

Personne ne l'avait vue ; mais tout le monde aimait Marie-Étiennette, si bonne, si serviable, et Marguerite, si gentille, si intelligente.

Chacune des vaillantes commères, qui ne put lui répondre : « Votre fille, la voilà! » prit part à son angoisse, fit siennes sa douleur et sa peine.

On se mit en quête de l'enfant disparue. On alla, on vint, on s'informa.

En un instant, ce fut un tohu-bohu général.

La Halle était sur pied, bouleversée, grondante, menaçante, cherchant enfin à qui s'en prendre de cette alerte fausse ou vraie.

On aurait voulu que cette disparition ne provînt que d'une niche de l'enfant.

L'une disait à la malheureuse mère :

— Ne vous effrayez pas : Margoton joue à cache-cache.

L'autre :

— Je vas vous la ramener, mais faudra la fouetter... pour la première fois, cette petite princesse.

Et Marie-Étiennette, pâle, défaite, la voix brisée, répondait :

— Oui, je la fouetterai... mais rendez-la moi... rendez-la moi.

Mais le temps s'écoula.

Les acheteurs s'éloignèrent.

Le carreau des Halles, si animé, redevint presque silencieux ; les marchandes, consternées, n'osaient plus parler que bas autour de cette misérable femme qui ne voulait pas croire à son malheur.

La journée tirait à sa fin.

On ferma le marché.

Marguerite n'était pas revenue ! Elle ne devait plus reparaître !

Plus de trace ! plus d'espoir !

— Mon Dieu ! mon Dieu !... murmurait de temps à autre la pauvre Marie-Étiennette ! On me l'a prise !.. Sainte Vierge ! vous me la rendrez ! — Et puis elle appelait sa fille d'une voix à réveiller les morts.

Rien n'y fit.

Marguerite était bien perdue pour elle.

Les voisins et les voisines de Marie-Étiennette firent une déclaration au commissaire de police.

Cela n'amena aucun résultat.

Nul indice ne fut recueilli.

Malgré les recherches les plus consciencieuses, nulle lueur ne se fit sur cette disparition mystérieuse, qui demeura à l'état de problème insoluble.

Ce dernier coup brisa la Pacline.

La femme avait péniblement résisté à la perte de son mari ; la mère ne résista point à la perte de son enfant.

En proie à une fièvre ardente, elle fut transportée à l'hôpital. Là, elle hésita cinq mois entre la vie et la mort.

Enfin sa jeunesse et la force de sa constitution triomphèrent. La malade entra en convalescence ; ce fut long.

Quand elle sortit de l'hôpital, où tous, médecins, infirmiers, religieuses, avaient lutté de soins et de sympathies, ses amies les plus intimes ne la reconnurent pas.

Marie-Étiennette Pacline était entrée à l'hôpital âgée de vingt-quatre ans ; elle en sortait vieillie de vingt ans, avec des cheveux gris.

Les chagrins vont par troupe, dit un proverbe.

Quand la Pacline se retrouva sur le pavé de la grande ville, elle était bien et duement ruinée.

Ses économies avaient à peine suffi à liquider son commerce et à payer son arriéré et son loyer.

Mais que lui importait : elle n'avait plus personne auprès d'elle pour qui la misère l'effrayât.

D'ailleurs, les dames de la Halle sont compatissantes pour les malheurs immérités. Elles ne la laisseraient pas mourir de faim.

En effet, ses anciennes amies, ses camarades, ses voisines se cotisèrent. Grâce à leur secours, la veuve Pacline — à partir de ce jour on ne l'appela plus Marie-Étiennette! — se vit en mesure de recommencer son commerce.

Elle se remit à l'œuvre avec une sorte de rage.

Dans quel but, puisque désormais elle vivait seule?

Cette petite fleur bleue qui pousse au bord des précipices les plus escarpés et qui a nom l'espérance, lui faisait-elle encore subir son mirage trompeur?

Travaillait-elle pour oublier?

Était-ce pour se souvenir?

Non, la Pacline travaillait pour travailler.

Quelques années passèrent.

La veuve remboursa peu à peu les avances qui lui avaient été faites si amicalement.

Elle se revit une seconde fois à la tête d'un modeste pécule, laborieusement gagné, qui ne devait rien à personne.

Seulement, trop pauvre pour reprendre sa place sur le Carreau, elle se fit marchande à éventaire.

On ne l'entendit jamais proférer une plainte sur sa déchéance, car c'était bien une déchéance pour une dame de la Halle de devenir simple marchande des quatre-saisons.

Que lui importait?

Par moment, même, on eût pu croire qu'elle préférait sa misérable profession.

Pourquoi?

Ah! c'est que, sans se l'avouer à elle-même, la pauvre femme espérait.

Oui. Elle espérait! le cœur d'une mère ne désespère jamais.

Elle voyait toujours devant elle cette petite fleur bleue qui l'attirait, et qui fuyait sa main au moment où sa main croyait la saisir.

Sous prétexte de débiter sa marchandise, mais, en réalité, dans l'idée de retrouver l'enfant disparue, la Pacline parcourait Paris du matin au soir.

Au commencement, elle allait et venait fiévreusement, sans se rebuter, sans ralentir ses infructueuses et incessantes recherches.

Mais, à la longue, le temps, cet égoïste implacable, qui dans sa marche fatale passe son niveau irrésistible sur toutes les choses de ce monde, le temps accomplit son œuvre de consolation.

La fièvre du désespoir s'apaisa, disparut, et insensiblement elle en vint à se changer en une résignation apathique, touchant au *c'était écrit* des Orientaux.

Bien que la mère ne renonçât pas à retrouver sa

fille, jamais elle n'en parlait, jamais le nom de Marguerite ne sortait de ses lèvres.

La vie reprit pour elle son cours machinal.

D'ailleurs, de grands changements s'étaient opérés autour d'elle.

A la Halle, ses anciennes amies, ses connaissances s'étaient retirées les unes après les autres.

Des marchandes nouvelles les remplaçaient, et pour celles-là, avec qui la Pacline ne tenait pas à se lier, la disparition de *mademoiselle Margoton* était passée à l'état de légende douteuse.

L'indifférence remplaçait la pitié.

On avait complétement oublié ces noms de Marie-Étiennette et de Marguerite, qui jadis se trouvaient dans toutes les bouches.

On ne connaissait plus que la Pacline, la marchande des quatre-saisons, qui n'avait plus ni âge, ni beauté.

Peut-être même éprouvait-elle un secret plaisir à ne plus entendre retentir à son oreille ces noms, si chers jadis, et qui maintenant n'avaient plus d'écho dans aucun cœur, pas même dans le sien.

Un jour qu'elle venait de faire sa tournée de réveil — car tout en exerçant son métier de marchande des quatre-saisons, la Pacline, qui, dans ce temps-là, cumulait et exerçait en même temps la profession de réveilleuse des Halles — profession qui consiste à réveiller dès l'aube les forts de la halle et les maraîchers logés dans les garnis du quartier, moyennant une minime rétribution — un jour, elle qui n'avait jamais eu de chance de sa vie, trouva quelque chose.

Elle n'en crut pas ses yeux.

Ce quelque chose était une pauvre petite créature abandonnée sur un monceau de détritus de toutes sortes, au coin de la rue aux Fers.

Le cœur de la Pacline ou de la Réveilleuse, comme il plaira au lecteur, ce cœur si rudement éprouvé, qui se croyait mort à toute joie humaine, bondit dans sa poitrine, à la vue de l'être misérable qui gisait à ses pieds, vautré dans la fange et dormant d'un sommeil profond.

Par un de ces mouvements instinctifs qui viennent du fond de l'âme et dans lesquels le calcul n'entre pour rien, elle se baissa, prit dans ses bras l'enfant, âgé de quatre ou cinq ans à peine, et... mais ici, il nous faut ouvrir une parenthèse et raconter le premier dialogue qui s'établit entre le *quelque chose* plus haut cité, et la brave femme qui venait de le ramasser.

— Hé! là-bas! fit le quelque chose, âgé de cinq ans, qui était un petit garçon malingre, souffreteux, mais frétillant comme un écureuil, et possesseur de deux yeux clairs et perçants comme des yeux de chat ; hé! là-bas! la petite mère...

— Ne m'appelle pas la mère, petiot, fit la Pacline d'une voix sourde, tout en enveloppant son protégé dans son tablier.

— Hé! là-bas! la petite vieille...

Vieille!... Pacline n'avait pas trente ans!... — Mais la Fontaine l'a dit :

Cet âge est sans pitié...

— La petite vieille, continua le môme, on empêche donc les amis de *roupiller !*

Il avait cinq ans à peine, lui !

— Tu dormiras chez moi, dans mon lit. N'aie pas peur.

— Un lit! qué'qu'c'est qu'ça? Et puis, j'aime pas qu'on m'emmaillotte comme ça. J'ai des jambes. Je veux marcher, moi!

La Pacline regarda l'étrange enfant qu'elle tenait, et, voyant l'air résolu dont il lui parlait, elle le mit à terre et lui dit de sa voix la plus douce :

— Comment t'appelle-t-on, petiot?

— J'sais pas.

— Connais-tu tes parents?

— Pourquoi faire?

— Où demeures-tu?

— A Paris, sur un tas de légumes et de pommes pourries.

— D'où viens-tu?

— De la campagne. On m'y a battu. J'en ai eu assez.

— Qui t'a battu? ton père?

— Qui ça, mon père? Je gardais les oies... C'est le maître aux oies qui m'a battu.

— Veux-tu que je te reconduise chez lui?

— Non! cria l'enfant, lâchez-moi. Je me suis *ensauvé*, c'est pas pour retourner chercher des coups. Lâchez-moi, la vieille, que je vous dis... D'abord, je vous dirai pas où c'est.

Et il essayait de se sauver.

Mais la Pacline le retint d'une main ferme.

— Viens avec moi, lui dit-elle, tu vivras avec moi. Je t'habillerai et je te nourrirai.

— Je ne garderai plus les oies?

— Non, dit la Pacline en souriant.

— Je ne travaillerai pas à la basse-cour?

— Non plus.

— Tu m'aimeras bien?

— A preuve, voilà! s'écria-t-elle en le faisant sauter jusqu'à ses lèvres et en le couvrant de baisers.

Pour la première fois, l'enfant la regarda avec un semblant de tendresse. Il lui rendit ses baisers.

Tout était précoce en lui.

Là où il n'aurait dû y avoir qu'une sensation de stupeur, il y eut un sentiment d'affection presque filial.

Le commerce *des oies* avait fortement développé cette intelligence enfantine.

On ne devient pas si vite reconnaissant quand on n'a eu affaire qu'à des hommes.

Cinq minutes après, la Réveilleuse et sa trouvaille sans nom, l'une suivant l'autre, arrivaient rue de la Calandre, grimpaient cinq étages et s'endormaient tous deux d'un sommeil aussi profond que celui dont jouissait l'enfant tout seul sur son tas d'immondices.

Personne ne connaissait l'enfant, personne ne le réclama.

Du reste, si l'on s'amusait à réclamer tous les petits êtres abandonnés sur le pavé de Paris, on aurait fort à faire.

La Réveilleuse adopta celui-ci.

S'il ne remplaça pas la fille qu'elle avait perdue, il donna du moins un aliment à cet insatiable besoin d'aimer qui dévorait la pauvre femme isolée. Il lui constitua une famille nouvelle.

Nous avons dit précédemment comment un beau matin l'enfant trouvé gagna le gracieux surnom de Mouchette.

Cela posé, nous reprendrons notre récit à l'entrée de la Pacline dans son domicile.

Ce jour-là, quinze ans s'étaient envolés depuis l'enlèvement ou la disparition de Mlle *Margoton,* et il s'était écoulé près de dix ans depuis qu'elle avait ramassé son nouvel enfant au coin de la borne de la rue aux Fers.

Pacline la Réveilleuse était donc une femme d'une quarantaine d'années.

Petite, rondelette, aux traits fatigués mais réguliers, aux yeux émerillonnés, à la chevelure blanche comme la neige, elle gardait une singulière expression de jeunesse sur sa face petite et rougeaude.

Pas de trace de souffrance sur le visage de cette femme qui avait tant souffert; pas une ride, pas un sillon attristant sur ce front pur et uni comme le front d'une jeune fille.

Ses trente-deux dents, resplendissantes de blancheur, étaient restées fidèles au poste et garnissaient une bouche dont un léger pli aux coins des lèvres laissait seul deviner combien était menteur le calme de cette physionomie.

Là, seulement, apparaissait, pour un observateur intéressé, la griffe indélébile d'une douleur inassouvie.

La Réveilleuse entra dans la première chambre.

Son costume, simple comme celui de toutes les marchandes des quatre-saisons, ne brillait point par un luxe exagéré, mais par une irréprochable propreté, qui en faisait le charme principal.

En apercevant la Cigale debout, près du poêle, elle échangea un rapide regard avec lui, sans que Mouchette pût se douter de cette entente muette. Puis se tournant vers lui.

— Va remiser le camion, petit, lui dit-elle.

— On y va, répondit le gamin, qui se tenait devant elle, immobile, comme un troupier au port d'armes.

— Comment! on y va. Et tu restes là?

— Je ne peux pas partir sans lest et sans feuille de route.

— Tu parles comme un matelot, dit la Pacline.

— Ou comme un soldat, ajouta la Cigale, qui ne voyait rien de bien maritime dans le lest de maître Mouchette. Voyons, y vas-tu ou n'y vas-tu pas?

— D'abord, honorable tambour-major du Grand-Océan, de l'océan Atlantique et de tous les océans connus et inconnus, ce n'est pas à vous que je me fais l'honneur de m'adresser.

— A qui donc?

— A la vénérable que voici. Et Mouchette désignait la Pacline du coin de l'œil. — Tant qu'elle n'aura pas compris qu'elle a manqué à tous ses devoirs de mère et de maîtresse de maison, le camionneur que voici ne bougera pas.

— Au diable le môme et ses mômeries! — Tu ne veux pas descendre, je descends, et je remiserai la charrette à la mère, sans tambour ni trompette.

— Trompette, trompette, trompette,
Vous vous trompez toujours!

chantonna le voyou, mettant, selon son habitude, une variante au refrain de cette chanson si connue.

— Arrêtez! la Cigale! s'écria la Réveilleuse en retenant le colosse, qui avait déjà la moitié du corps sur le carré. Arrêtez! je sais de quoi il retourne. Approche, mauvais sujet.

Mouchette fit deux pas en avant, toujours au port d'armes, et tendit la joue droite en disant :

— Baisez joue... droite ! droite !

La Réveilleuse obéit.

— Passez sur la joue... gauche ! gauche !

La Réveilleuse lui donna un petit soufflet d'amitié.

— Merci, m'man ! cria le gamin en cabriolant à travers la chambre, vous avez fait votre devoir — à moi de remplir le mien ! — Au camion, en deux temps, deux mouvements, ce sera dans la remise, et je reviens.

— Ne te gêne pas, fiston. Tu as le temps. T'as pas besoin de te presser.

— Bon, compris, m'man ; on a à causer et Moumouche ne doit pas être du *jaspinnage*.

— De quoi se mêle-t-il ? fit la Cigale avec humeur.

— On vient donc se faire tirer les cartes par m'man Pacline. Nous ne tenons ni le petit, ni le grand jeu. Faut vous adresser à l'étage au-dessus. Il y a des lézards tricotés en cordon de sonnette.

— Assez petit, dit la Réveilleuse.

— C'est parfait. Je me la casse, repartit Mouchette en ouvrant la porte qui donnait sur le palier. Monsieur de la Cigale, il n'y a rien pour votre service personnel ?

— Cré môme ! va.

— Mouche, dit Pacline, tu apporteras un litre à seize. Dis à la Mastoc que c'est pour moi.

— Est-ce qu'elle me croira ?

— Oui, tout de même; va, petit.

— Allons, j'ai du crédit sur la place, il y a encore de beaux jours pour... la banlieue. — Dévidez votre chapelet, mais ne soyez pas longtemps.

— Pourquoi ça ?

— Parce que j'ai mon rosaire à égrener aussi... et que je suis tout aussi pressé que monsieur le vice...-amiral.

— Moucheron! cria la Cigale, moitié souriant, moitié colère.

— Descends, Mouchette, dit sérieusement Pacline.

— On ne rit plus. Bien le bonjour, au revoir m'man.

Et le gamin, qui venait de sauter une dernière fois au cou de la Réveilleuse — elle lui permettait à présent de l'appeler sa mère — ferma la porte derrière lui et disparut.

On l'entendit dégringoler l'escalier à toutes volée, chantant à tue-tête le premier couplet d'une chanson de sa composition, paroles et musique.

De cette chanson, improvisée par lui, *ex abrupto*, voici à peu près la teneur, pour les paroles :

Dormez bien, forts de la Halle,
Halle ! halle ! halle !

Hommes blancs noirs, gris et roux !
 Roux ! roux ! roux !
M'man jase avec la Cigale,
 Gale ! gale ! gale !
M'man dormira mieux que vous,
 Hou ! hou ! hou !

Quant à la musique, Rossini, le dieu de la musique chrétienne, et Verdi, le pontife de la musique païenne, eussent renoncé à en noter une mesure, une note même, tant la voix qui la chantait était fausse.

XI

Le Messager de l'Invisible.

Nos deux personnages prêtèrent attentivement l'oreille; puis au bout d'un instant :
— Ouf! je suis fatiguée, je n'en peux plus! dit la Pacline en s'asseyant. Reposez-vous, mon vieux, nous allons avoir à causer longuement.
— Ça dépend! repartit la Cigale en lui obéissant. Mais, d'abord, pour répondre à ce qui regarde votre fatigue, pourquoi donc est-ce que vous vous décarcassez tant que ça?... Renoncez à votre métier de réveilleuse et ne gardez que la vente des quatre-saisons.
— Vous êtes bon là, vous, avec votre conseil;

Et la marmite?... elle bouillirait donc toute seule?

— Vous en aurez toujours bien assez pour deux.

— Pour deux, oui, possible...

La Pacline n'acheva pas, elle se passa la main sur les yeux et reprit d'un air indifférent :

— Mais ne nous occupons pas de ces détails-là. Ce n'est pas pour me donner des conseils que vous v'là ici?

— Non; la mère, c'est connu, les conseilleurs ne sont pas les payeurs...

— Et vous venez pour me payer?

— Peut-être bien.

— Quoi donc?

— Vos services à...

— A qui?

— *A ceux que personne ne voit.*

— *Et qui voient tout*, ajouta la Réveilleuse en baissant la voix.

— Oui.

La femme posa un de ses doigts sur sa bouche en signe d'invitation au silence, se leva, alla à la porte, l'ouvrit, se pencha sur l'escalier pour s'assurer que personne ne pourrait les espionner, puis elle rentra.

La Cigale, impassible, ne semblait nullement étonné de toutes les précautions prises par la Réveilleuse.

Une fois rentrée, celle-ci ferma la porte à double tour, l'assura au moyen d'une targette en fer, revint à la Cigale, et lui touchant légèrement le bras.

— Venez, lui dit-elle.

Celui-ci se leva et la suivit.

Ils entrèrent dans la seconde chambre.

Dans cette pièce, on le sait, se trouvaient les deux lits de la Pacline et de son fils d'adoption.

Au-dessus du lit de la femme, il y avait un cadre doré entourant un portrait recouvert d'un voile noir.

C'était le seul objet de luxe qui se remarquât dans cette pauvre demeure. Pourtant la misère n'avait pas le droit de s'y croire impatronisée.

— Ici, nous serons mieux, fit la Pacline.

— Comme vous voudrez. Pour les servir, je suis bien partout.

— Vous êtes donc toujours à leurs ordres?

— Toujours.

— Vous avez parlé de payement tout à l'heure. Vous savez, mon garçon, que ce n'est pas en monnaie d'or ni de billon qu'on s'acquittera envers moi?

— Si on vous doit, on s'acquittera n'importe comment, soyez-en sûre! Ça les regarde, et ils ne manquent jamais à leur parole.

— Ma fille! pensa la mère — et tout haut, elle continua : — J'y compte. Parlez. Que veulent-ils de moi?

— Avez-vous bien tous vos moyens?

— Vous dites?

— Je vous demande, la mère, si avant de rentrer chez vous, vous ne vous êtes pas arrêtée cinq minutes de trop chez Paul Niquet?

— Je ne bois que quand j'ai du chagrin — et puis, ne craignez rien, je vous comprendrai toujours assez.

— C'est égal, j'aime mieux colloquer à jeun avec vous.

La malheureuse femme en était arrivée à ne plus considérer son état d'ivresse que comme une manière de régime nécessaire à son corps et à son âme. Toutes les fois qu'on faisait allusion à sa funeste habitude, elle répondait avec le plus grand sang-froid, sans prendre cela pour une injure :

— Allez votre train, je vous écoute. D'abord, vous avez de la chance, mon homme ; si je suis aussi éreintée à cette heure, c'est que je n'ai pas pris l'ombre d'une goutte depuis hier minuit. Parlez.

— Je suis chargé de vous dire certaines choses.

— Lesquelles?

— Et de vous remettre une lettre.

— Donnez.

— Que vous me rendrez après l'avoir lue.

— Et si je l'oublie?

— Vous la relirez dix fois, s'il le faut, jusqu'à ce que vous en sachiez le contenu par cœur.

— Et alors?

— Alors, je la brûlerai devant vous.

— Par où commencez-vous? demanda la Pacline.

— Par ma commission verbale.

— Voyons.

— Vous recevrez aujourd'hui deux visites.

— Deux?

— Oui. La première sera celle d'une femme.

— Viendra-t-elle seule?

— C'est possible, dit la Cigale. Il est possible aussi qu'elle vienne accompagnée.

— Faudrait me donner des renseignements plus sûrs.

— Faudrait les avoir pour vous les donner. Cette femme est jeune, belle ; elle a des yeux bleus, des cheveux châtain clair.

— Son âge?

— Elle paraît avoir de vingt à vingt-deux ans?

— Elle paraît?

— La mère on n'est jamais sûr de l'âge d'une femme.

— C'est bon, répondit la Réveilleuse, continuez.

— On sera déguisé de façon à ne pas laisser soupçonner par vous la position qu'on occupe dans le monde.

— Ce serait plus malin de venir dans le costume de sa vraie position.

— On viendra peut-être non déguisée, vous ne chercherez à rien savoir.

— C'est dur, ça.

— Il le faut.

— Ce sera. Est-ce tout?

— Oui.

— Passons à la seconde visite. Je n'ai pas besoin d'en entendre davantage sur la première.

— La seconde visite vous sera faite par un homme, continua la Cigale.

— J'aime mieux ça, répondit la Réveilleuse en souriant.

— Peut-être cet homme viendra-t-il seul, peut-être aussi viendra-t-il avec un autre homme et une femme.

— Toujours du même au même.

— Les deux hommes sont jeunes. L'un est presque imberbe. Il ne porte qu'une légère moustache brune retroussée. C'est un étudiant en droit.

— Et le second?

— Un peu plus âgé, trente ans, très-brun, tenue militaire.

— C'est un soldat?

— Oui. Que voulez-vous que ce soit?

— Il y a tant de gens qui ont l'air militaire et qui ne sont que des marchands de crayons déguisés.

— C'est vrai, la mère.

— Et la femme?

— Une brune piquante, c'est la maîtresse de l'étudiant.

— Bon. Est-ce tout?

— Quant à présent, oui.

— On ne peut pas savoir ce que viennent chercher ces gens-là?

— Vous le saurez par eux.

— Merci. Voyons la lettre.

— La voici, dit le géant; et il tira d'une de ses poches de côté un pli cacheté qu'il lui tendit.

— Qu'y a-t-il là-dedans, mon vieux? Vous en doutez-vous? demanda la Pacline en cherchant à lire jusqu'au fond du cœur de son interlocuteur.

— Non, répondit celui-ci sans broncher sous ce regard de feu.

— Vous ignorez donc tout, vous?

— Oui, et je saurais quelque chose...

— Que ce serait absolument tout de même, continua-t-elle.

— Vous l'avez dit.

— A la bonne heure. C'est franc, ça. Et on n'a pas besoin de chercher midi à quatorze heures avec vous.

Elle prit la lettre et l'ouvrit. Elle la lut.

Pendant que la Pacline lisait, le messager des Invisibles ne se permit ni de bouger ni de parler.

La lecture dura longtemps.

La Pacline cherchait à bien graver dans sa mémoire le texte de cette missive. A trois reprises différentes, elle recommença.

Puis elle replia le papier et le rendit à la Cigale.

— C'est fait lui dit-elle.

— Vous êtes sûr de ne rien oublier? répliqua l'autre.

— Pas une ligne, pas un mot.

— Alors, venez.

— Où?

— Dans l'autre chambre.

— Pour quoi faire?

— Pour brûler ce papier.

— Si vous le gardiez, ce papier! fit la Réveilleuse, sans avoir l'air d'attacher la moindre importance à son insinuation.

— Hein? vous dites? gronda le géant stupéfait.

Et il y avait une telle indignation dans ces trois mots, que la Pacline ne crut pas devoir pousser son épreuve plus loin.

— Vous êtes un brave cœur et un rudè gars, Cigale.

— Je... je... je n'aime pas ces f... f... farces-là, répondit celui-ci, qui, selon son habitude, se mettait à bagayer pour peu qu'une émotion quelconque le saisît à la gorge.

— J'ai mes ordres, fit la Réveilleuse.

— Ah! c'est la consigne... Je me plaindrai au chef de son manque de confiance en moi.

— N'en faites rien, cela vaudra mieux, et suivez-moi.

Ils rentrèrent dans la première pièce, où le poêle chauffait et brûlait de plus belle.

La Pacline ôta la marmite du feu et le géant jeta la lettre dans les flammes.

En moins d'un instant, ce sujet de bisbille fut réduit en cendres.

— Voilà ! dit-il,

— Il y a des gens qui auraient payé ce brimborion de papier-là de toute une fortune !

— Ces gens-là ne sont pas assez riches pour acheter *votre espérance*, la mère.

— Oui, mais vous, quelle raison ?...

— Moi, ils sont trop pauvres pour me payer ma conscience et mon dévouement à qui vous savez, interrompit la Cigale.

— Qu'on vienne nous dire, après ça, que la richesse fait le bonheur, ajouta la Pacline avec un sourire d'une expression indéfinissable.

— La richesse, je ne crache pas dessus, mais je m'en... moque bien.

— Quelle est la première visite que je recevrai ? demanda-t-elle.

— On ne me l'a pas dit.

— A quelles heures faut-il que je sois ici ?

— De cinq à dix heures du soir.

— On y sera. Y a-t-il autre chose ?

— Ceci encore.

Il fouilla de nouveau dans ses poches et en retira un second papier.

Elle prit le papier et fit le geste de le décacheter.

La Cigale l'arrêta.

— Plus tard, fit-il, quand vous aurez vu votre monde.

— J'attendrai.

— A minuit, vous prendrez connaissance de cette seconde lettre.

— Bon.

— Vous sortirez. Dans la rue de la Barillerie, en face du numéro trente-cinq, une voiture sera arrêtée.

— Je monterai dedans ?

— En passant devant le cocher, vous direz comme si vous vous parliez à vous-même : *La lune n'éclaire pas ce soir.*

— Le cocher me répondra-t-il ?

— Oui, ces mots : *Il fait assez clair pour marcher.*

— Après.

— Vous ouvrirez la portière du côté droit ; vous monterez dans la voiture et vous vous laisserez conduire.

— Est-ce fini, cette fois ?

— C'est fini. Seulement, faites bien attention : descendez de chez vous à minuit précis, montez dans la voiture avant minuit dix minutes ; passé ce temps vous ne la trouveriez plus.

— Je serai exacte. Voilà Mouchette. Il était temps.

En effet, on entendait dans l'escalier la voix du

gamin qui remontait, en chantant un autre couplet de sa chanson.

> M'man, réveillez la cigale
> Gale! gale! gale!
> S'il n'est pas empoisonné.
> Sonné! sonné! sonné!
> C'te fois, c'est moi qui régale!
> Gale! gale! gale!
> V'là d'l'eau d'aff. Piquons-lui le nez,
> Nénez! nénez! nénez!

La Pacline retira la targette qui fermait la porte.

Presque aussitôt le gamin bondit, plutôt qu'il n'entra dans la chambre. Il tenait deux bouteilles.

— Le liquide demandé! Un litre à seize! Voilà! servez chaud! Boum! fit-il en posant un litre de vin sur la table. — Et une demie-bouteille de fine champagne extra... Ne criez pas, m'man. C'est moi qui paye. — Boum! répéta-t-il en imitant la voix et le ton d'un garçon de café à la mode.

— Tu payes, petit? avec quoi? demanda la Pacline étonnée.

— Ne vous inquiétez pas. J'ai dévalisé une diligence de rivière. Versez d'abord. Nous compterons ensuite.

La Pacline remplit les verres.

On trinqua et l'on but.

— Assez pour le moment, fit le colosse arrêtant la main du voyou, qui voulait recommencer.

— Nous renâclons devant la boisson à l'œil? fit le gamin en riant. Mâtin ! vous causiez donc politique?

— Nous t'attendons depuis une demi-heure, répondit la Cigale, pour rompre les chiens.

— Le plus souvent! On veut donc me monter le coup! Ah! c'est pas gentil! riposta le gamin avec son ricanement habituel. Vous n'en voulez plus, m'man?

— Non, dit la Réveilleuse, qui fit bonne contenance devant la Cigale, tout en poussant un gémissement de regret et de convoitise.

— O vertu! s'écria Mouchette.

— Viens-tu voir les masques, petit?

— Je veux bien. C'est-y vous qui régale?

— Oui, mais tout de suite.

— Fallait donc le dire. Tout à l'heure on me renvoie, maintenant on m'enmène. Ce serait facile de ne pas jouer au petit père La Franchise avec son Fifi, son Nini, son ..oumou.

— Il n'y a pas à dire ! quoi ! murmura le géant, il est plus malin qu'un homme des bois.

— Voyez-vous ça! fit le gamin; on finit par reconnaître le vrai mérite. Attends, Goliath. Je t'accompagne, mais j'ai un bout de conservation à tenir à la mère.

Et il sortit tout son argent de sa large et longue poche? qui lui commençait à la taille et finissait à peine à la hauteur de son genou.

— Tenez, la mère, serrez ça dans votre profonde..

— Qu'est-ce que c'est que tout cet argent-là? fit la Pacline.

— C'est de quoi vous acheter du nanan pendant la semaine prochaine. Je ne garde que deux *roues de derrière* pour faire le fadard et pour m'acheter un *philosophe*... J'en ai un qui ne tient plus qu'à moitié.

Et pour prouver la vérité de son assertion, Mouchette monta sur la table et mit son pied à la hauteur de l'œil de la Cigale.

— D'où vient cet argent? répéta la Réveilleuse, qui fronçait le sourcil en voyant cette somme entre les mains de son fils d'adoption.

L'enfant comprit ses scrupules.

— Vous pouvez le prendre, m'man. C'est le fruit de mes sueurs, demandez plutôt à Gargantua.

— Oh! de tes sueurs! fit la Cigale en riant. Tu transpires dans l'eau, toi?

— Dans l'eau! s'écria la Pacline.

— Dame! je n'peux pourtant pas retirer un noyé du feu.

— Tu as sauvé un homme? dit la mère, rouge de plaisir.

— Faut pas rougir pour ça, m'man.

— Est-ce vrai, la Cigale?

— C'est vrai.

— Bon! v'là qu'on me traite comme un nègre!

v'là qu'on ne me croit pas ! v'là qu'on m'appelle menteur parce que...

— Parce que t'es un brave garçon, polisson.

— Vrai ?

Et Mouchette descendit de la table sur laquelle il était resté juché, en faisant le saut périlleux.

— En l'honneur de M. Auriol, dit-il, et celui-là pour vous, m'man.

Il en fit un second.

— Diable d'enfant ! dit la Réveilleuse, qui s'essuyait les yeux. Et si tu t'étais noyé, que serais-je devenue, moi ?

— Me noyer dans l'eau ! Le plus souvent ! Je ne l'aime pas assez pour ça. D'ailleurs, la Seine me connaît trop pour me garder dans son lit. C'est une rivière trop honnête.

— La Seine est un fleuve, moucheron, grommela le géant pour échapper à l'attendrissement qui commençait à le gagner, lui aussi.

— Bah ! fit Mouchette étonné, eh bien ! raison de plus.

— Allons, viens, il est onze heures, je te paye à déjeuner.

— Où ça ? chez Paul ?

— Chez Niquet, oui.

— Fameux ! Allons-y. Adieu, m'man.

— Adieu... répondit la Pacline... Eh bien ! à ton tour.

— Quoi donc ?

— Tu pars sans m'embrasser ?

— Je craignais de vous embêter.

Et il lui resauta au cou.

— Mauvais sujet, lui dit-elle en l'embrassant avec tendresse. Quand seras-tu un homme ?

— Quand la cigale sera un singe.

Et le géant et le gamin quittèrent joyeusement la mansarde.

Restée seule, la Réveilleuse serra l'argent dans une cachette creusée dans le mur de sa chambre, puis tombant sur un siége :

— S'il avait péri dans ce sauvetage... je serais restée seule... seule ! murmura-t-elle d'une voix triste. O ma fille ! ma pauvre fille, ne te retrouverai-je donc jamais !

Elle se versa un plein verre d'eau-de-vie et le but d'un seul coup.

XII

Coquillard ou Charbonneau?

Coquillard était de fort mauvaise humeur en sortant de la maison où logeait la veuve Pacline, et certes il avait les meilleures raisons du monde de n'être ni glorieux ni content de sa dernière campagne.

Le refus péremptoire opposé par Mouchette à ses offres insidieuses le chagrinait peut-être plus vivement encore que la triste fin de sa querelle et de sa lutte avec la Cigale.

C'est que, quoi qu'il en eût, il se voyait obligé de convenir de ses torts et de sa maladresse.

Sans être certain du résultat de sa démarche, il

avait eu l'imprudence, la présomption de s'engager, envers ceux dont il était l'émissaire, à obtenir la coopération du gamin.

Quand nous disons la coopération, c'est la complicité qu'il nous faudrait mettre ici, l'affaire dont s'était chargé maître Coquillard n'étant rien moins que véreuse.

Mouchette, à la vérité, ignorait le but des propositions qui lui avaient été faites. Mais son concours paraissait indispensable, et sa vague promesse de se trouver au rendez-vous désigné, rue d'Angoulême-du-Temple, ne rassurait que médiocrement l'intéressant Coquillard.

Aussi, tout en étanchant avec son mouchoir le sang qui continuait à couler de son nez, grommelait-il avec rage :

— Gredin de môme! Il m'a roulé! Que faire à présent? Décidément, je n'ai pas de chance cette semaine. Maudit carnaval! Je donnerais treize francs cinquante pour le voir *ad patres!*

Puis le souvenir de sa descente un peu brusque lui revenant à l'esprit, le cours de ses idées changea :

— Qui diable peut être, se demanda-t-il, cette espèce de Limousin qui m'a fichu du haut en bas de l'escalier? Un débardeur, lui! Non. Je connais tous les débardeurs des ports, et je ne me rappelle pas seulement l'avoir rencontré. C'est égal, si jamais je le repince, il me payera sa première poignée de main plus cher qu'au bureau !

Et comme son sang coulait toujours :

— Ah ça ! elle ne va donc pas s'arrêter cette fontaine de *raisiné*?... Voyons donc ! voyons donc ! fit-il, et il réfléchissait tout en marchant : Il me semble que j'ai déjà eu affaire à ce poignet-là, il y a... oh ! ma foi, voilà bien longtemps... oui, mais où donc? et à quelle époque?... Je veux bien que Satan me torde le cou si je m'en souviens !

Puis, se disant qu'il n'avait pas recenquis encore toutes ses facultés, la secousse ayant été plus que violente, il ajouta entre ses dents :

— Ce doit être quelque *cheval de retour*. Oui... quand je me serai bien remis dans les bonnes grâces de *monsieur Jules*, il me dira qui c'est, lui qui les connaît tous, depuis le premier jusqu'au dernier; je l'arquepincerai, et son compte sera bon !

Nous saurons tout à l'heure de qui Coquillard entendait parler en nommant *monsieur Jules*.

Tout en maugréant de la sorte, comme une bête féroce qui tourne dans sa cage en mâchant à vide, Coquillard s'était approché d'un puits placé au fond de l'allée.

Là, tirant un seau d'eau fraîche, il se mit en devoir de faire disparaître le sang et la boue qui souillaient ses vêtements.

Cette toilette indispensable terminée tant bien

16.

que mal, il sortit de l'allée clopin-clopant et mit le pied dans la rue.

On ne descend pas impunément un certain nombre d'étages sur les reins, si solidement charpenté qu'on soit, sans se ressentir tant soit peu de cet étrange mode de locomotion.

Coquillard s'en ressentait si bien, qu'une fois dans la rue, il eut toutes les peines du monde à se tenir droit et à marcher sans boîter.

Son gourdin, ce gourdin qui avait servi à son adversaire pour lui asséner le coup de la fin, lui était, il est vrai, d'une grande utilité.

Sans son aide, il ne serait jamais parvenu à dissimuler les résultats douloureux de son double échec.

Enfin, faisant contre fortune bon cœur, il s'achemina le plus gaillardement possible vers son domicile.

Le cabaret de la Mastoc, où Mouchette devait faire ses liquides achats, se trouvait sur le chemin de Coquillard.

Un moment l'envie lui vint d'y entrer pour s'y restaurer ; mais se ravisant, il continua sa route aussi rapidement que le lui permettaient des élancements terribles, suite de sa dégringolade.

Heureusement pour lui, la distance n'était pas grande.

Il demeurait, 22, rue de la Cité.

— 22, les *deux cocottes*, ainsi qu'il le disait

agréablement à sa portière, lorsque son humeur était tournée au gai.

Mais ce jour-là il voyait tout en noir, ou, pour être vrai, il voyait tout en rouge.

Aussi ne prit-il pas la peine de s'arrêter pour faire l'aimable auprès de la gardienne de ses lares.

La maison dans laquelle Coquillard venait de pénétrer, située au coin de la rue de la Cité, ne différait pas de l'immeuble où perchait la Pacline.

Même allée, un peu moins sombre.

Même escalier, un peu moins visqueux.

Coquillard s'y engagea sans hésitation.

Parvenu au second étage, il introduisit une clef, de raisonnable dimension, dans la serrure d'une porte faisant face à l'escalier.

La porte s'ouvrit.

Il entra, et la referma.

Il était chez lui.

Son premier soin, une fois la porte fermée et les verrous poussés, fut de s'étendre tout de son long dans un vieux fauteuil en bois peint, garni de velours d'Utrecht, qui se trouva là tout exprès pour le recevoir.

Quelques minutes de plus, et l'homme à la longue barbe n'aurait plus eu la force de soutenir ce superbe ornement de sa physionomie.

Fermer les yeux, pousser un long soupir de satisfaction, et s'assoupir dans un anéantissement réparateur fut tout un pour lui.

La chambre en question était petite, mais propre et assez bien meublée.

Elle témoignait de certaines habitudes d'ordre cadrant assez mal avec les manières plus que grossières du personnage qui l'habitait.

Une pendule en albâtre, à colonnes droites, placée sur la cheminée, entre deux vases également en albâtre, garnis de fleurs artificielles et horribles, un lit, deux chaises, un fauteuil et un guéridon en acajou, en formaient l'ameublement aussi solide que peu élégant.

Au mur, quelques lithographies mal encadrées et difficiles à distinguer sous la couche de poussière qui recouvrait leurs verres ternis.

Souvenirs et *Regrets*. — *On ne passe pas, quand même vous seriez le petit caporal!* — et *Après vous, Sire!* en étaient les sujets.

L'amour et la gloire, le bonheur et la grandeur de ce monde se trouvaient réunis, se faisant vis-à-vis, dans la tanière de cette bête brute qui avait nom Coquillard.

Donnez-vous donc la peine d'être jolie, aimée, adulée, ou de gagner la bataille d'Austerlitz ou de Wagram, pour venir orner le sale papier gris de fer d'une pareille alcôve.

A droite et à gauche de la cheminée, dont le foyer intact attestait la chaleur naturelle de monsieur Coquillard, se trouvait deux grands placards.

Au-dessus, une fenêtre à guillotine garnie de

doubles rideaux, laissait passer assez de jour pour éclairer cette pièce, dont l'aspect, en somme, était assez triste.

Coquillard reposait, depuis quelque temps déjà, mollement étendu dans son fauteuil, lorsque huit heures sonnèrent :

— Bigre! balbutia notre homme en s'étirant et en sautant vivement sur ses pieds, huit heures déjà! Il ne s'agit pas de *roupiller* la grasse matinée.

Et se secouant, comme un chien qui vient d'être fouetté, il alla au placard de droite, y prit une gourde d'eau-de-vie, en but une pleine rasade, et, faisant claquer sa langue avec satisfaction :

— Ça va mieux! fit-il. J'avais besoin de ce coup de tampon.

Il remit la gourde à sa place, et refermant le placard de droite, il ouvrit celui de gauche.

Celui-ci servait de porte-manteau.

Là se trouvaient toutes sortes de vêtements.

Redingotes et habits bourgeois, vestes et blouses d'ouvrier, uniformes de fantassin et de cavalier, il y avait de tout.

C'était une véritable arrière-boutique de marchand de vieux galons.

Coquillard réfléchit un instant, et à sa mine sérieuse, à ses sourcils froncés, on eût pu croire qu'il agitait, dans sa vaste cervelle, les destins du département de la Seine.

Puis il choisit un pantalon, croisé noir et blanc, un gilet de piqué marron à fleurs rouges, une redingote bleue, un pardessus olive très-ample, et il étala complaisamment le tout sur son lit.

Refermant avec soin le second placard, dont il mit la clef de côté, il procéda aux mystères de sa nouvelle toilette.

La première chose qu'il fit fut de changer sa tête.

Enlevant, du même coup de poignet, sa longue chevelure et sa magnifique barbe noire, de brun foncé qu'il était, il devint blond ardent.

Ses cheveux, presque rouges, taillés à la malcontent, ses sourcils fadasses, auxquels il rendit leur couleur primitive au moyen d'un linge mouillé, firent de lui un tout autre homme.

Monsieur Coquillard y gagnait-il ?

Y perdait-il ?

Je ne crois pas qu'il y ait une femme assez abandonnée des hommes et de Dieu qui se donnât la peine de décider cette imprudente question.

Toujours est-il qu'une fois sa tête faite, il quitta les vêtements qu'il portait pour endosser ceux qu'il avait si soigneusement étalés sur son lit.

— Là ! dit-il en se mirant sans trop de déplaisir dans une glace cassée, tout en fourrant ses mains rouges et pataudes dans de gros gants en filoselle ; là ! bien fin, maintenant, le camarade qui me reconnaîtra.

Il avait raison.

Rien ne restait du Coquillard si mal mené par le gigantesque ami du petit Mouchette.

Visage, costume, allure, tout le plumage était métamorphosé ; l'oiseau avait fait plume neuve. Il ne lui manquait plus que de varier son ramage, et c'était son plus grave souci.

En somme, il avait l'air du premier venu.

Or, quand on ressemble au premier venu, quoique, ou parce que le Bartholo de Beaumarchais prétend qu'il n'y en a pas, on ne ressemble à personne.

Coquillard jeta un dernier regard sur la glace, pour voir si rien ne péchait dans sa toilette.

Satisfait de lui-même, au lieu du rotin plombé que l'on sait, il prit une canne à épée légère et bien en main, puis il sortit.

Sur le carré, il se croisa avec une vieille femme, sa voisine.

Cette vieille femme descendait, une chaufferette sous le bras et une boîte en fer-blanc à la main droite.

— Déjà levé, monsieur Charbonneau? lui dit-elle après lui avoir adressé un salut familier.

Pour les locataires de la maison qu'il habitait, Coquillard s'appelait Charbonneau.

— Comme vous le voyez, madame Jackmel, répondit-il poliment. Ce n'est pas le dimanche gras tous les jours.

— Malheureusement!

— Pour le bœuf gras.

— Ce bon monsieur Charbonneau ! il a toujours le petit mot pour rire. Et alors, comme ça, vous allez déjà vous lancer dans la foule, à c'te heure?

— Que voulez-vous, ma chère dame, on est père ou on ne l'est pas.

— Et vous l'êtes.

— Certainement. J'ai promis à mes enfants de les conduire à Saint-Maur, et je vais les chercher.

— Vous n'irez donc pas voir le bœuf?

— Pardonnez-moi. Nous serons revenus à Paris de midi à une heure.

— A la bonne heure ! Dès que vous irez voir la pauvre bête, il n'y a rien à dire, fit la brave femme. Moi, il me semble que personne ne s'amuserait de la journée, si je n'allais pas lui lancer mon petit coup d'œil.

— Au revoir, madame Jackmel.

— Bien du plaisir, monsieur Charbonneau.

— Prenez garde. Ne vous mettez pas trop avant dans la foule.

— Vous de même.

Ils se saluèrent ; et comme, tout en causant d'une façon aussi intéressante, ils avaient descendu l'escalier, ils se trouvaient dans la rue, chacun tira de son côté, ce dont Charbonneau ne fut pas contrarié.

Le sieur Charbonneau, qui avait suspendu son nom de Coquillard dans le placard contenant ses défroques de rechange, descendit à petits pas la rue de la Cité.

Une victoria vide passa près de lui.

Il héla le cocher, le prit à l'heure et lui recommanda de ne pas trop se presser.

— Où allons-nous, mon bourgeois? demanda le cocher, étonné de la recommandation.

— Rue des Noyers, 7.

Charbonneau savait par expérience que le seul moyen de donner des ailes à un cocher de louage et à ses bêtes consiste à le prier de marcher comme des écrevisses.

L'équipage partit au grand trot.

Peu de temps après, il s'arrêtait devant le numéro 7 de la rue des Noyers. Charbonneau descendit et ordonna au cocher de l'attendre, après l'avoir remercié de ce qu'il ne l'avait pas cahoté davantage.

Cela fait, il entra dans une petite cour, au fond de laquelle se trouvait, au rez-de-chaussée, une porte d'entrée ressemblant à toutes les portes de bureaux, avec une plaque contenant ces mots cabalistiques :

Tournez le bouton, S. V. P.

Il tourna le bouton et s'introduisit dans une pièce assez vaste et assez pareille à la grande salle d'un corps-de-garde.

Là se trouvaient réunis une quinzaine d'individus de mauvaise mine.

Ces individus se tenaient debout, le chapeau ou la casquette à la main.

Ils paraissaient attendre qu'on les appelât, et pour tromper les ennuis de l'attente, ils ne se faisaient faute ni de bavarder ni de remuer bruyamment.

Au moment où Charbonneau pénétrait dans la salle, un jeune homme encore imberbe, à mine de furet, assis devant une table-bureau, derrière un grillage à rideaux de serge verte, levait le nez, et, posant sa plume sur son pupitre, s'écriait avec impatience :

— Voyons, messieurs, un peu moins de bruit! C'est une vraie pétaudière. Je ne m'entends seulement pas écrire.

Quelques chuchotements étouffés, des rires coupés et des ricanements dissimulés sortirent de la foule et lui répondirent.

Mais le calme se rétablit.

A la vue de Charbonneau, plusieurs des premiers venus saluèrent avec empressement.

D'autres se détournèrent pour ne pas avoir à le saluer.

Tous s'écartèrent pour le laisser passer.

Notre homme, sans prendre trop garde ni aux uns ni aux autres, s'approcha du grillage, et, ôtant son chapeau, qu'il ne s'était pas donné la peine d'ôter en entrant :

— J'ai bien l'honneur de présenter mes respecst

à monsieur Piquoiseux, dit-il d'une voix traînante et nasillarde, différant en tous points de l'accentuation brutale et rapide employée peu auparavant par le rustre Coquillard.

Ajoutez cette voix à l'apparence béate et doucereuse que s'était donnée Charbonneau, et vous comprendrez qu'il devait être assez persuadé de sa valeur personnelle.

— Ah! c'est vous, Charbonneau? fit le jeune homme sans relever la tête et en terminant une note qu'il avait commencée.

— Moi-même, pour vous servir.

— Pourquoi diable arrivez-vous si tard?

— Il est à peine huit heures et demie.

— Le patron est furieux contre vous.

— Pas possible. Je me croyais en avance.

— Il vous a déjà demandé deux fois.

— Deux fois ! s'écria Charbonneau, qui sortit de sa tranquillité apathique et montra par là tout le cas qu'il faisait de la colère de *son patron*.

— Au moins.

— J'en suis désespéré, vraiment désespéré, mon cher monsieur Piquoiseux, mais des affaires imprévues...

— Allez lui dire ça, et vous verrez s'il admet les affaires imprévues, celui-là.

— Pourtant...

— Attendez votre tour, et quand il sera venu,

expliquez-vous avec lui, vous m'en direz des nouvelles.

— Je suis sûr qu'il m'excusera, quand il apprendra pour quelles raisons...

— Hum! je ne le crois pas... Enfin, je vous le souhaite.

— Vous êtes mille fois trop bon, répliqua Charbonneau, qui était parvenu à reprendre sa physionomie pleine de douceur.

— Ce qu'il y a de certain...

— C'est que?

— C'est que ce matin, il est d'une humeur massacrante.

— Tant pis pour moi.

— Ainsi, tenez-vous bien.

— Je fais ce que je peux, dit Charbonneau en tournant les pouces et en cherchant à se donner une contenance assurée.

— Et si vous êtes rudement secoué, ne vous en étonnez pas trop.

— Il ne faut s'étonner de rien dans cette vie.

— Ni dans l'autre, ricana Piquoiseux, qui vivant dans un milieu tant soit peu cynique, se croyait le droit de faire l'esprit fort de temps à autre.

Un peu plus, Charbonneau allait se signer.

— Vieux farceur! murmura le jeune homme.

— Ah! jeune homme! jeune homme! dit le bon apôtre, vous n'avez rien de sacré. C'est un tort.

— Ah! bah!

— Oui. En attendant, je vous remercie tout de même de l'avis que vous venez de me donner.

— Profitez-en si vous pouvez, mon brave homme.

— Je tâcherai, répondit l'autre.

— C'est votre affaire. Permettez-moi de m'occuper de la mienne.

Et M. Piquoiseux se remit à écrire.

Charbonneau s'assit dans un coin.

Un quart d'heure s'écoula, pendant lequel Piquoiseux se vit plus d'une fois obligé de rappeler à l'ordre l'aimable société qui peuplait la salle d'attente.

Puis, au milieu du brouhaha, retentit le bruit d'une porte éloignée qui se refermait violemment.

Un coup de sonnette furieux retentit.

Le silence se rétablit comme par enchantement.

— A qui le tour? demanda Piquoiseux.

— A moi! à moi! répondirent plusieurs voix.

Second coup de sonnette plus vigoureux.

— Une minute! fit le commis, qui se leva vivement et se précipita vers la porte donnant dans le cabinet de son patron.

Il l'ouvrit et disparut.

Mais il ne fit qu'entrer et sortir. Dans ce cabinet, les conversations du patron et de l'employé n'étaient pas longues.

On se précipita au devant de lui.

Chacun semblait s'attendre à voir son nom sortir de la bouche de M. Piquoiseux.

— Monsieur Charbonneau! dit-il simplement.
— Présent.
— Entrez. Le patron vous demande, et sapristi! ne l'agacez pas. Il est pire qu'un dogue.

Charbonneau s'affermit sur les deux bateaux qui lui servaient de chaussures. Il prit son courage à deux mains, et, les yeux baissés, lentement, à pas comptés, il entra dans le cabinet du redoutable patron.

XIII

Une Providence borgne.

Dans un cabinet de travail ressemblant assez au cabinet d'un avoué ou d'un huissier, l'homme que M. Piquoiseux nommait si emphatiquement *le patron*, les bras croisés, donnant de temps à autre les signes de la plus vive impatience, se promenait de long en large.

La pièce était plus large que longue.

Des piles de papiers entassées les unes sur les autres, de nombreux cartons l'encombraient.

Au milieu, un bureau ministre étalait bien des sujets de préoccupations renfermés dans des dossiers de papier jaune ou dans des serviettes de cuir brun.

L'homme n'était autre que le célèbre M. Jules, nom de guerre, de ce problème, de ce Protée, de ce mythe, de ce redoutable Vidocq enfin, ce forçat émérite qui sut, Dieu sait par quels moyens, presque redevenir honnête, ou du moins faire croire au plus grand nombre à la réalité de sa conversion.

Avant que nous le mettions en scène, nos lecteurs ne seront sans doute pas fâchés de faire ample connaissance avec ce personnage qui se trouvera souvent mêlé aux nombreux incidents de ce récit.

Lors de sa sortie de la police, l'ancien chef de la brigade de sûreté avait fait plusieurs métiers.

Ces métiers ne lui avaient que médiocrement réussi.

Ses antécédents, sa réputation de finesse, sa célébrité même nuisaient aux rapports commerciaux qu'il voulait entamer avec diverses maisons de France et d'Angleterre.

Les commerçants apprécient la finesse, vue prise d'eux-mêmes ; ils la craignent et la méprisent chez les autres.

Aussi lui fut-il impossible de prospérer dans ce qu'on appelle vulgairement *les affaires*.

D'ailleurs, pour M. Jules, la police était devenue un besoin impérieux. Ne pouvant plus en faire pour le compte de l'État, qui venait de le remercier, il résolut d'en faire pour son compte personnel, et au profit des particuliers qui viendraient lui confier leurs intérêts.

Il fonda donc une agence de renseignements, rue Vivienne.

Quand on demandait M. Jules, on le trouvait installé dans de magnifiques bureaux, tout aussi bien organisés que ceux de la préfecture de police.

Du reste, son agence avait tout l'air d'en être la succursale.

Cette agence, qui prospérait trop, ne prospéra pas longtemps.

L'autorité prit l'éveil.

L'agence fut fermée.

Les scellés posés sur les papiers, on arrêta le directeur, qui, après quelques jours de prison préventive, comparut, le 3 mai 1843, devant la sixième chambre de la police correctionnelle.

Condamné à cinq ans de prison en premier ressort, il en appela et se vit acquitter par la Cour royale.

Il n'en avait pas moins fait six mois de prévention.

La leçon fut rude.

Toute rude qu'on la lui eût donnée, elle ne le corrigea guère de sa manie de se mêler des affaires des autres.

Après plusieurs séjours à l'étranger, il revint à Paris vers la fin de l'année 1845, pour fonder une nouvelle agence de renseignements.

Seulement, cette fois, la chose s'exécuta à petit bruit, et dans des conditions plus modestes.

M. Jules s'établit rue des Noyers, n° 7.

Pour des motifs que nous ignorons, la police d'alors, non-seulement ne l'inquiéta pas, mais encore, non contente de le laisser tranquille, à plusieurs reprises, et dans des circonstances graves, elle eut recours à lui.

C'est dans cette agence que nous le retrouvons, au moment où le malheureux Charbonneau pénètre dans son antre.

M. Jules, né le 21 juillet 1775, était un homme de cinq pieds six pouces, se tenant très-droit, aux épaules larges et carrées, plein de vigueur encore, malgré son âge; ses traits, bien qu'empreints de vulgarité, brillaient par une expression de finesse remarquable.

Son tein brun, sa barbe rasée de près, ses petits favoris, des cheveux gris, longs et frisés, rejetés en arrière, un front vaste et découvert n'en faisaient pas une tête ordinaire.

Vêtu de noir, toujours en cravate blanche, il portait une profusion de bijoux, tant à son gousset où une large chaîne d'or s'épanouissait, qu'aux boutonnières, endiamantées de sa chemise.

Cet homme, qui affectait une tenue irréprochable de gentleman — à son compte, du moins — cet homme, qui recevait ses clients élégants, en bottes vernies et en gants paille, portait aux oreilles de petites boucles d'oreille en or.

Tel était le personnage devant lequel Coquillard-Charbonneau, qui sans doute possédait d'autres noms patronymiques dans son sac et s'en servait selon les circonstances, se trouvait, dans une tenue humblement respectueuse, le chapeau à la main et la tête basse.

La comédie de bienveillance, de douceur et de jésuitisme qu'il jouait avec le commun des martyrs, lui était plus difficile à jouer devant ce fin renard.

M. Jules possédait une dose d'orgueil déraisonnable.

Il se croyait non-seulement redoutable, mais encore très-redouté.

Son plus grand plaisir était de voir trembler devant lui les natures les plus perverses.

Quand il avait affaire à d'honnêtes gens, ce qui naturellement ne manquait pas d'être rare, ses manières changeaient.

La société, pour lui, se composait de plusieurs classes de coquins.

— Fripons, voleurs et assassins, ne sortez pas de là, et vous ne vous tromperez pas souvent! répétait-il à qui voulait l'entendre.

Aussi, au fond du cœur de toute personne qui l'approchait cherchait-il toujours et trouvait-il parfois une conscience plus ou moins bourrelée.

Il n'admettait que des degrés dans le vice ou dans le crime.

Et jusqu'à un certain point cette appréciation du genre humain se comprenait chez un homme qui n'avait jamais vécu qu'au milieu des bandits les plus rusés, des voleurs les plus expérimentés et des assassins les plus terribles.

Aussi, bandits, voleurs, assassins l'admiraient-ils, tout en le détestant cordialement.

Pour eux, et ils étaient payés pour être de cet avis, M. Jules était le mouchard incarné, l'homme police; il appartenait à la race des fouines, des furets, et autres bêtes malfaisantes. Il chassait à l'homme avec plus de voluptueuse sensualité que le braconnier ne chasse au lièvre ou au lapin.

Par le fait, ils avaient raison.

Caractère étrange, inexplicable, aussi ardent à faire le mal que le bien, nature hybride tenant de la femme, du bohémien et de la bête fauve, intelligence ébauchée, lançant parfois des éclairs de génie ; cet homme était tout cela.

Une de ses manies, ou plutôt une de ses tactiques, consistait à employer une brusquerie de langage, à feindre une colère de mauvais aloi, dans le but d'intimider ses interlocuteurs.

Avec cela, une audace et une effronterie sans égales.

A coup sûr, le *patron* de M. Piquoiseux n'était point cire molle facile à manier pour ce pauvre M. Charbonneau.

M. Jules, sans paraître remarquer sa présence dans son cabinet, continuait sa promenade saccadée, tout en poussant de sourdes imprécations.

Il frappait du pied et roulait des yeux furieux.

L'autre se faisait le plus petit possible.

Il se trouvait dans une de ces situations où l'on ne tient pas à présenter une surface respectable.

Enfin, se plantant devant lui, le *patron* s'arrêta et le toisa silencieusement des pieds à la tête, avec une expression écrasante de mépris.

Il réfléchissait, il accumulait sur ses lèvres la masse d'adjectifs qu'il pensait applicables à son surbordonné.

Enfin, son opinion sur le compte de ce dernier se fit jour et se formula de la sorte :

— Ah ! vous voilà, vous ! imbécile ! brute ! buse ! Nom de nom ! faut-il que vous soyez bête !

Tout cela d'une voix accentuée comme le beuglement d'un taureau enragé.

Charbonneau ne bougea pas et conserva son sourire obséquieux.

— Vous m'entendez, crétin ?

Charbonneau fit de la tête un signe affirmatif.

— Convenez que je place bien ma confiance et que je choisis proprement mes têtes de colonne !... Vous ne dites rien... sacré mille... voyons, répondez, convenez-en !

— J'en conviens, répondit le pauvre diable.

— C'est heureux !

Et, tout en haussant les épaules, il reprit sa promenade.

Charbonneau connaissait son homme. Loin de

se démonter, il attendit patiemment la fin de la bourrasque.

Ne sachant pas au juste par quel reproche, mérité ou immérité, son patron allait commencer, il se tenait sur le pied de la plus profonde réserve.

Au bout de quelques allées et venues, mais sans s'arrêter cette fois, le patron reprit :

— Oui, vous êtes un fier imbécile !

Et il se tut.

C'était le moment de placer sa réponse. Charbonneau le comprit.

— Vous m'avez déjà fait l'honneur de me le dire, riposta-t-il.

— Ah ! Eh bien ! je ne vous le dirai jamais assez.

— Si, parce que je finirai par le croire.

— Oui-dà ! Et après?...

— Après, je donnerai ma démission. Je me retirerai du service.

— Hein ! gronda M. Jules.

— Et vous perdrez votre plus dévoué serviteur, monsieur Jules.

Monsieur Jules ! — Vidocq affectionnait ce nom de Jules, qui, le plus souvent, ainsi que nous l'avons dit, lui servait de nom de guerre.

L'aplomb de son subordonné l'étonna, lui qui prétendait ne s'étonner de rien.

Aussi fut-ce d'un ton moins farouche quoique restant dans la gamme de la mauvaise humeur, qu'il s'écria :

— Oui... oui... vous m'êtes dévoué... Mais, sacrebleu, il est des dévouements qui reviennent plus cher qu'ils ne rapportent.

— Oh! monsieur Jules! recommença l'autre d'un ton de reproche sentimental.

— Il n'y a pas de *monsieur Jules* qui tienne. Vous venez de me faire passer pour un *sinve*, moi!...

— Qui prétend cela?

— Qui? Parbleu, le préfet de police en premier, et moi-même en second.

— Alors, je n'ai qu'à m'incliner.

— Oui, blaguez; il ne manque plus que ça. Ce sera complet. Comment! vous, un vieux *fagot de retour*, un *mariolle* fini, qui vous faites fort de connaître la *haute pègre de Pantin* depuis A jusqu'à Z, vous que je choisis de préférence à dix *ferlampiers* qui ne sont pas *frileux*, vous vous payez un *impair* de cent pieds de haut sur cinquante de large; vous vous laissez *empaumer* comme un *pante!*

— Moi?

— Dame... qui donc? A moins que ce ne soit votre sœur ou votre tante!

— On fera mieux une autre fois. On se rattrapera, je vous le jure.

— Oui-dà! on se rattrapera. En attendant, ce matin, à six heures, j'ai été appelé à la Préfecture, moi! J'ai été saboulé de la belle manière, moi! J'ai voulu répondre aussi que je me rattraperais! On m'a intimé l'ordre de ne plus m'occuper de cette chienne d'affaire. Tripes du diable! Parce que vous n'êtes qu'un bancroche et un manchot, je me suis vu traiter de sot et de maniaque qui voit partout des conspirateurs et des canailles.

— Un homme de votre valeur, monsieur Jules, dédaigne tout çà...

— Tonnerre! il est encore joli, avec son dédain. Savez-vous ce que le préfet m'a dit en propres termes? Non? Eh bien! écoutez, et puis, étonnez-vous si je rage. Il m'a dit : Monsieur, un peu plus, vous causiez un scandale atroce. Vous avez fait mettre sur pied toute la brigade de sûreté; vous l'avez introduite dans l'hôtel d'un galant homme qui n'a rien à se reprocher. Ce galant homme est le représentant d'une puissance étrangère; par son caractère, sa fortune et sa haute position, il aurait dû se trouver à l'abri de vos injustes soupçons. Vos agents sont des maladroits et des niais qui volent votre argent, et vous, monsieur, vous n'êtes qu'un fou, en trois lettres, et un fou bien jeune dans son métier.

Oui, monsieur Charbonneau, ajouta le patron avec un redoublement de colère, un fou, moi; bien heureux encore qu'on n'ait pas dit que j'étais un sot. L'épithète m'a manqué. Elle s'est arrêtée en route, probablement. Voyons, vous restez là comme un Terme! Comprenez-vous? Tonnerre! c'est à vous, à vous seul que je dois cet affront.

Et il frappait du pied avec fureur.

Charbonneau courba la tête sans répondre une syllabe.

Qu'eût-il objecté pour sa défense?

Tout était d'une exactitude rigoureuse dans la diatribe du patron, qui continua de plus belle :

— J'étais déjà au courant de tout ce qui s'est passé cette nuit.

— Ah !

— Me prenez-vous pour une bûche ? Croyez-vous que je laisse faire les autres quand il s'agit de choses graves ? Non, je ne m'en rapporte qu'à moi-même. J'étais à l'hôtel de Warrens la dernière nuit.

— Eh bien !... alors ?

— Eh bien ! quoi ? est-ce que je m'étais engagé à *paumer marrons* un *tas de sinves* qui nous ont joué des airs de clarinette en plein nez, sans que nous ayons eu le plaisir de les faire danser à deux ou à trois temps. Est-ce que c'était moi qui répondais de tout, quasiment sur ma tête ? Mâtin ? vous en avez de rechange des boussoles, que vous les engagez si facilement. Nous avons été roulés comme des enfants au maillot. Pourquoi ne vous ai-je pas trouvé à votre poste, cette nuit?

— J'y étais, monsieur Jules.

— Quand ça?

— Avant l'heure du bal.

— Pourquoi pas la semaine dernière ? fit-il en haussant les épaules.

— J'étais entré dans la salle.

— Et après ?

— La personne en question est arrivée ; mais au moment de se retirer dans sa loge avec un petit débardeur plus que décolleté, plusieurs masques l'ont accostée.

— Amicalement ?

— Ma foi, je ne saurais vous le certifier, mais à coup sûr si une querelle s'est élevée entre eux, ça été à voix basse, sans scandale.

— Et vous n'avez pas cherché à vous faufiler, à entendre ?

— La foule empêchait de mettre un pied devant l'autre.

— Ce n'est pas un pied devant l'autre qu'il faut mettre, quand on veut passer dans ces cas-là, c'est le pied sur celui des autres qu'il faut poser. On en est quitte pour s'excuser et pour s'éloigner triomphalement.

— J'ai essayé d'autres moyens, j'ai joué des coudes, rien ne m'a réussi, mon homme avait disparu. Je l'ai attendu dans le coin de droite du foyer, ainsi qu'il l'avait demandé lui-même. Mais en vain. J'ai croqué un marmot de deux heures. Rien, ni personne.

— Pardieu ! cet homme a été enlevé ou assassiné.

— Croyez-vous ?

— C'est clair. Il fallait me prévenir.

— J'ignorais où j'aurais pu vous rencontrer.

Vous ne vous étiez pas donné la peine de m'en informer.

— Bon, bon ! fit M. Jules, qui n'aimait pas se voir reprocher le plus petit manque de prévoyance.

Et il reprit sa promenade fiévreuse.

Un travail se faisait dans sa tête.

Charbonneau sentit bien que de ce travail rien de mauvais ne pouvait résulter pour lui. M. Jules, organisation exceptionnelle, n'en avait pas moins ses faiblesses. Comme tous les hommes d'exécution, il aimait à *poser* devant ses inférieurs, devant ses employés.

Et quand une idée lui venait prompte, lucide, ayant chance de succès, il leur pardonnait leurs maladresses ou leurs insuccès.

C'est tout ce qu'espérait le sieur Charbonneau.

Après s'être mordillé les lèvres, après avoir fourragé longuement sa chevelure à la Frédérick-Lemaître, le patron s'arrêta devant son subordonné, et lui frappant sur l'épaule :

— Nous avons affaire à des *zigs* qui pratiquent *la maltouze politique;* aussi vrai que nous avons été roulés par eux cette nuit, et sur toute la ligne encore, nous les roulerons à notre tour.

— Vous ne comptez donc pas lâcher l'affaire ?

— Moi !

— On peut bien m'ordonner çà et autre chose...
M'avez-vous jamais vu agir autrement qu'à ma

tête? Et il me semble que personne ne s'en est mal trouvé jusqu'à présent.

— A coup sûr.

— Eh bien ! si on veut que je lâche cette assommante affaire, il faudra me prouver qu'il n'y a rien derrière. Me le prouvera-t-on ?

— Je ne le pense pas.

— Ni moi non plus. Dans ce cas-là tant que la tête que voilà tiendra sur les épaules que voici, personne autre que moi ne *lavera le linge* du comte de Warrens et de sa sequelle endiablée.

— Je n'ose plus me proposer pour vous seconder...

— Et vous avez tort... vous avez une revanche à prendre... vous la prendrez ; seulement c'est moi, qui vous en fournirai l'occasion.

— Oh ! monsieur Jules !

— Bon ! bon ! vous me remercierez plus tard. Ah ! ils me croient assez lâche pour obéir à un ordre aussi humiliant, continua-t-il avec redoublement de violence. Ah ! ces gens là supposent que je ne vaux plus une *chiffe*, que je suis fini, vidé. que je n'ai plus *rien dans le ventre*. Tonnerre ! Je leur prouverai que si je suis un *vieux casque*, il y a encore une *sorbonne* solide dans ce casque-là.

— Mais personne n'en doute.

— On en doutera encore moins quand ces *pantes de la haute* auront *coupé dans le pont* que je vais leur *donner à faucher*.

M. Jules devait éprouver une violente émotion, tout en cherchant à ne pas trop la montrer à son employé ; cela se voyait à son langage.

M. Jules ne parlait argot que dans les grandes occasions, ou lorsque son sang-froid courait les champs.

Alors le naturel de l'ancien forçat reprenait le haut du pavé sur les manières polies affectées par M. Jules, et de même qu'un étranger allemand, espagnol, anglais ou italien, vivant en France et parlant correctement le français, n'en pense pas moins dans sa langue maternelle, de même M. Jules pensait en argot et *dévidait le jars le plus carabiné* toutes les fois que la passion l'emportait.

— Mes successeurs savent leur métier, continua-t-il, comme si personne ne se trouvait là pour l'entendre ; oui, ils sont malins, je ne dis pas le contraire. Mais s'ils veulent faire joujou avec papa, on pigera. Les enfants ! ils prétendent faire la police d'une grande ville comme Paris, en n'employant que d'honnêtes gens !

— Pourquoi non ?

— Pourquoi non ? Serin que vous êtes ! Parce que d'abord on ne vous donnerait pas d'eau à boire, s'il ne fallait remplir la police que des honnêtes gens en question.

— Injurier n'est pas raisonner, fit Charbonneau, qui essaya un mouvement de révolte.

— De quoi ? des injures de moi à vous. Elle est forte, celle-là. Je la retiens. Si vous ne m'interrompiez pas d'abord, ça vaudrait mieux mon bon ami.

Quand M. Jules appelait quelqu'un *son bon ami,* ce quelqu'un était sur le point de passer un mauvais quart d'heure.

Charbonneau le savait.

Il se tut.

— Les honnêtes gens ! grommela Vidocq, est-ce que ça sait quelque chose ? Il faut avoir roulé sa bosse dans tous les égouts pour manger un arlequin avec les égoutiers. Mettez donc des moutons en chasse, et lancez-les sur la piste d'un troupeau de loups ; vous verrez ensuite de quel côté seront les os croqués.

— Des moutons, soit, mais des chiens ?

— Il y a plus de king-charles que de boules-dogues ! Et le boule-dogue devient aussi nuisible que le loup, à la longue. Dent contre dent, la partie est égale. Sinon, bonne nuit. Ah ! je ne suis qu'un infirme ! Qui vivra verra, nom de nom ! Le bois dont je me chauffe n'est pas le sapin de tout le monde. Je ne demande pas un an pour détruire de fond en comble l'association de finauds contre laquelle nous nous sommes cassés le nez.

— Un an !

— Oui, un an ; il nous faudra bien ça. On ne

prend pas une forteresse bien défendue comme on avale un petit verre de fine. Laissez-moi établir une batterie, ouvrir mes tranchées et soyez tranquille, garçon, vous aurez votre part du gâteau.

— Je suis à vous, à la vie, à la mort.

— Je le pense, répondit le patron de Charbonneau. J'en suis sûr. Sans cela, vous dégoiserais-je toutes mes intentions? Vous avez perdu la première manche, mais là, bien perdu. Je veux qu'on nous pende tous les deux, haut et court, par les pieds, au clocher de la Sainte-Chapelle, si nous ne gagnons pas la seconde.

— Et la belle ?

— Pour la belle, on verra plus tard.

— Nous réussirons, monsieur Jules.

— J'y compte, mon vieux ; de votre côté, vous-même, vous pouvez compter que je vous lâche comme un chien galeux si nous remportons notre veste une seconde fois.

— Ce sera justice.

— A propos, et l'affaire de Belleville ?

— Je m'en suis occupé ce matin.

— Est-ce avancé?

— Oui, monsieur Jules.

— Où en sommes-nous?

— Ce soir, je pourrai vous donner tous les renseignements nécessaires.

— Avez-vous empaumé le môme?

— J'ai fait mon possible, répondit Charbonneau, qui n'osait pas avouer son échec probable.

— Viendra-t-il?

— Il me l'a promis.

— Promettre et tenir sont deux.

— S'il ne vient pas, on se passera de lui.

— L'affaire est importante. Pensez-y. Il y a gros à gagner.

— Je le sais, monsieur Jules, et j'y apporte tous mes soins.

Ici, l'on frappa à la porte.

— Entrez, dit M. Jules.

M. Piquoiseux parut, et s'approchant de son patron, lui dit quelques mots à l'oreille.

Celui-ci fit un geste de surprise.

— Introduisez-le sur-le-champ, dit-il, et renvoyez les autres. Je les recevrai demain.

Piquoiseux sortit.

Alors le patron, ouvrant une petite porte dérobée, recouverte d'une épaisse tapisserie, et s'adressant à Charbonneau, qu'il mit poliment et vivement dehors :

— Sortez par là, mon cher. N'oubliez pas de m'expédier ce soir une note sur cette affaire de Belleville, et pour le reste, revenez demain matin à la même heure. Bonjour.

Charbonneau se retira satisfait d'en être quitte

à si bon marché et bénissant le visiteur imprévu qui lui fournissait une sortie plus agréable que son entrée dans le cabinet du patron.

Quant à M. Jules, aussitôt son mandataire disparu, il s'assit dans le large fauteuil qui se trouvait devant son bureau, et, l'œil à demi fermé, les lèvres souriantes, il attendit.

XIV

Le chien et son maître.

Le dernier des invités du comte de Warrens retiré, le suisse de l'hôtel du quai Malaquais avait fermé les portes.

Il était près de sept heures du matin.

Le comte de Warrens, rentré dans ses appartements, s'était renfermé tête à tête avec le major Karl Schinner.

Le maître et l'intendant avaient eu un rapide entretien, à la suite duquel ce dernier sortit, laissant le comte libre de se livrer à un sommeil qu'une nuit passée toute entière devait lui avoir rendu nécessaire.

Arrivé dans une antichambre précédant l'appartement particulier de M. de Warrens, le major trouva le valet de chambre de service.

— Retirez-vous, lui dit-il, M. le comte dort. Pas de bruit dans l'hôtel. Recommandez cela aux gens de service.

— Bien, monsieur le major. A quelle heure faudra-t-il entrer dans la chambre de M. le comte?

— A midi.

Le domestique se retira.

Schinner ne parlait jamais plus longuement.

Ses ordres étaient d'une précision merveilleuse; aussi ne lui demandait-on jamais d'explications, et jamais personne ne commettait d'erreur.

Cinq minutes après, le mot d'ordre était donné, et l'hôtel de Warrens, où retentissaient peu auparavant les accents de la plus folle joie, retombait dans un calme et dans un silence voisins de ceux du tombeau.

Alors la porte de la chambre à coucher du comte roula sans bruit sur ses gonds, et un personnage ressemblant à s'y méprendre à l'ouvrier qui, la nuit précédente, se trouvait en embuscade sur la route de Villejuif, à celui que la Cigale traitait de capitaine, à Passe-Partout, enfin, en sortit, et descendit dans les jardins de l'hôtel par un escalier dérobé.

Seulement, Passe-Partout avait troqué sa blouse contre une redingote usée aux coutures, et sa casquette contre un chapeau, qui à coup sûr, ne sortait pas des ateliers d'un faiseur à la mode.

Jetant un regard investigateur tout autour de lui, pour s'assurer que nul ne le surveillait, il se dirigea vers une statue de Diane chasseresse.

Là, posant le doigt sur un bouton habilement dissimulé dans une des lettres qui composaient le nom du sculpteur, il poussa.

La statue tourna lentement sur elle-même.

Le socle suivit le mouvement de la statue.

Une étroite ouverture se fit et livra passage à Passe-Partout.

Il s'y engagea et disparut.

Socle et statue reprirent leur première place.

Pendant que cela se passait dans le jardin de Warrens, un marchand de vins de la rue Jacob, gros homme à la face rougeaude, à la mine joviale, au ventre rebondi, achevait, en sifflotant un air à boire, d'ouvrir les volets de sa boutique.

Cet honorable industriel se dépêchait d'autant plus d'ouvrir son établissement qu'il venait d'apercevoir, tournant l'angle de la rue des Saints-Pères, une de ses meilleures pratiques.

— Bonjour, prince, fit la pratique, qui n'était autre que la Cigale, bonjour, prince et la compagnie.

Le cabaretier était tout ce qu'il y a de plus seul.

La compagnie brillait par son absence.

Mais, on le sait, la Cigale avait un tic, c'était

18.

d'être poli pour tout le monde, même pour les absents.

Seulement, pourquoi appelait-il prince ce bon gros joufflu de caberetier ?

La raison était bien simple.

Le cabaretier se nommait Bonnel.

Avant de venir exercer à Paris, il avait tenu un superbe bouchon-restaurant à Caen.

Or, dans le Calvados, tout comme dans le département de la Seine, les aubergistes sont amoureux de la dive bouteille et de l'eau-de-vie de cidre.

Un beau matin, qu'il avait nombreuse compagnie dans sa salle de cent couverts, qui pouvait contenir vingt-cinq convives très-serrés, l'honnête Bonnel, bonnet de coton en tête, à cheval sur un biquet ramené par lui du marché, fit irruption au milieu de ses clients.

Bonnel était ivre comme les Normands savent s'enivrer.

Il se tenait ferme en selle, et faisait caracoler sa bête sur place.

On ne compta guère que trois chevilles blessées et deux têtes bossuées à la suite du discours qu'il jugea à propos de faire à ses habitués.

Comme il déboucha sa plus fine tonne pour panser les blessés, on ne lui intenta que cinq procès.

Le tribunal le condamne à 500 francs d'amende et à quinze jours de prison pour blessures involontaires par imprudence.

A partir de ce jour et de ce jugement mémorables, on le surnomma : le prince Plumet.

Il quitta Caen, vint s'établir à Paris, et prit pour enseigne un plumet couronnée.

Le surnom lui resta.

Voilà pourquoi la Cigale le traitait de prince long comme son bras.

— Tiens! c'est vous? monsieur la Cigale, fit le cabaretier en lui serrant la main, vous venez de bonne heure dans le quartier... Un canon de blanc, ça vous irait-il?

— Tout de même.

— Il n'y a rien de meilleur pour tuer le ver.

— Allons-y, répondit la Cigale, à qui son coffre inremplissable permettait de ne refuser aucune offre de ce genre, faite d'aussi bonne grâce.

Le prince Plumet laissa là sa devanture.

Peu d'instants après, il se trouvait, lui, derrière et la Cigale devant le comptoir, séparés par le bois et le métal qui le composaient, mais réunis par des toasts énergiques qu'ils portaient à la santé l'un de l'autre.

Ce n'étaient pas deux canons que ces bons compagnons ingurgitaient, c'était bien une batterie tout entière.

Le premier feu passé, Plumet, qui, quoique buveur, ne laissait pas d'être raisonnablement curieux, réitera son interrogation amicale.

— C'est vrai, j'arrive de bonne heure dans le

quartier, mais j'ai peut-être bien mes raisons pour ça.

— Des raisons mystérieuse... et qu'on ne peut pas savoir?

— Mystérieuses... possible, dit le colosse, mais qu'on ne peut pas savoir! Pourquoi donc ça, s'il vous plaît, mon prince Plumet?

— Faut voir.

— J'ai rendez-vous avec un ami.

— Ici chez moi?

— Pardine!... est-ce que je fais des infidélités... dans le quartier?

— Ce serait mal! s'écria Plumet sentimentalement.

— Aussi, que j'aie du quibus ou que j'aie le gousset vide, c'est toujours au Plumet-Couronné que je donne mes rendez-vous, pas vrai?

— Oh! je ne suis pas inquiet, vous êtes une bonne paie. Vous gagnez de l'argent!

— Le métier n'est pas mauvais, il ne faut pas se plaindre, repartit la Cigale; je gagne bien mes petits quarante-cinq ou cinquante livres par semaine.

— Et qui m'amenez-vous?

— Un pays, à moi.

— Vous êtes de quel pays?

— De Toulouse.

— Tiens! vous avez l'accent marseillais. C'est drôle,

— Ce n'est pas si drôle, puisque je suis de Toulouse, répondit simplement le géant.

— On travaille bien là-bas. On bâtit bien ! mâtin, oui !

— Oui, assez ; les maisons sont solides.

— Les maisons... ce n'est pas des maisons que...

— Et de quoi donc ?

— Des citoyens dont votre père est le créateur.

— Farceur ! Dirait-on pas qu'il est établi comme un oiseau-mouche !

Et la Cigale campa sur l'abdomen de S. A. Plumet premier du nom un énorme revers de main qui lui fit faire une affreuse grimace.

Ce bon la Cigale était un peu de la nature des ours, qui vous étouffent en vous caressant.

Pour racheter la vivacité de ses gentillesses, le géant dit :

— A mon tour, je paie une tournée.

— Ça va, fit joyeusement le prince, qui oublia la caresse virulente de son client.

Mais il s'arrêta :

— Ah ! non!... Tenez, ajouta-t-il, voilà un particulier qui regarde par ici... Il a l'air de chercher quelqu'un... Ça doit être votre pays.

— Ma foi ! oui.

— Le gaillard ne s'est pas fait attendre. Faut-il ajouter un troisième verre ?

— Da... da..., bredouilla la Cigale embarrassé.

— Ajoutez, mon prince, dit gaiement Passe-Partout, le camarade attendu par le géant, ajoutez.

— Ah! bien... alors! fit celui-ci, qui, malgré lui, prit une attitude moins sûre de lui-même en présence de son capitaine.

Un violent coup de pied que ce dernier lui allongea dans l'os de la jambe le força de se taire.

Le cabaretier tout à son vin qu'il versait, en le répartissant également dans trois verres proprement rincés à nouveau par et pour lui, ne remarqua point ce jeu muet.

La seconde tournée passa dans le gosier de la Cigale et de Plumet, comme la première y avait été engloutie, sans qu'il y parût.

Passe-Partout avala le contenu de son verre comme s'il n'avait jamais bu un verre de Château-Larose ou de Cliquot première.

La tournée finie, il dit gracieusement au cabaretier :

— Nous avons à causer avec le camarade.

— Je sais... je sais, répondit l'autre... et à déjeuner ?

— Oui. Vous nous servirez ce que vous aurez de prêt.

— Demandez.

— Vous avez un cabinet?

— Superbe... on y tiendrait quatre.

Et le prince Plumet ouvrit la porte d'un taudis à

soupente, où une table boiteuse dansait entre deux bancs mal équarris.

— Et on est tranquille ? demanda Passe-Partout.

— Vous y tueriez vos père et mère que personne ne vous gênerait.

— C'est bien ; la Cigale, viens !

Le colosse, qui n'avait plus soufflé depuis le coup de pied de Passe-Partout, s'ébranla et le suivit dans le prétendu cabinet.

— Vous empêcherez qu'on ne nous dérange, n'est-ce pas, mon ami ? fit ce dernier en posant d'une façon particulière et sans affectation l'index de sa main droite sous l'extrémité de son menton.

A ce geste, à ce signe de reconnaissance, le prince Plumet ôta vivement sa casquette de loutre et devint aussi respectueux qu'il avait été sans gêne jusque-là.

— Ces messieurs peuvent être bien tranquilles dit-il, personne ne mettra le bout du nez dans leurs affaires.

Et il sortit à reculons après les avoir servis.

— Maintenant, causons, reprit Passe-Partout.

— Oui, cap...

— Animal !... n'est-ce pas assez de l'avertissement que je t'ai donné tout à l'heure pour t'empêcher d'être toujours aussi bêtement respectueux avec moi, devant témoin ?

— Oui, mon vieux Pa... Passe-Partout.

— Qu'as-tu fait cette nuit? Allons, réponds et ne bégaie pas... Je n'ai pas de temps à perdre.

— Cette nuit... répondit le colosse, s'efforçant de rattraper sa langue pour obéir ; cette nuit, je suis allé à l'Opéra, de là à Beaujon. J'ai vu tomber l'homme, je l'ai vu jeter à la Seine, je l'ai vu repêcher.

Telle était la crainte ou le désir de contenter son chef, éprouvés par ce pauvre la Cigale, qu'il prononça cette phrase toute d'une haleine, sans seulement prendre le temps de respirer.

— Tu as vu tout cela... toi-même?
— Moi-même.
— Qui l'a retiré de l'eau?
— Plusieurs individus, des charrieurs de bois, des débardeurs.
— En connais-tu un?
— Non.
— Ah! c'est fâcheux.
— Seulement, parmi eux, se trouvait un gamin.
— Eh bien! s'écria Passe-Partout, qui se contint pour ne pas donner signe d'impatience.
— Un voyou de ma connaissance.
— Son nom?
— Mouchette.
— Le fils de la Pacline?
— Son fils... ou à peu près, répondit la Cigale, après réflexion.

— Bien! murmura Passe-Partout avec un sourire étrange. L'homme était-il mort?

— Je ne sais pas, cap... mon vieux!

— Mordieu! il fallait savoir cela.

— Je le saurai, dit le géant en baissant les yeux comme une jeune fille grondée par sa gouvernante.

— Où l'a-t-on transporté?

— On lui a donné des soins sur place.

— Et après?

— Après?... je me suis vu forcé de filer mon nœud.

— On t'avait éventé?

— Ma foi, oui; vous l'avez deviné... fit la Cigale, tout joyeux... Sans ça...

— Quand auras-tu des renseignements précis?

— En sortant d'ici.

— En me quittant?

— Oui.

— Où cela?

— Chez la Pacline, donc! et par le moutard.

— C'est juste, dit Passe-Partout. Ecoute-moi.

— Allez.

— Approche-toi.

— Oh! il n'y a pas de danger. Plumet est sûr.

— Je ne suis sûr que de moi.

— Et de moi aussi, pas vrai?

— Oui. Approche.

Et, se penchant à l'oreille du colosse, Passe-

Partout lui parla deux ou trois minutes à voix basse et lui remit deux lettres soigneusement cachetées.

— Tu m'as bien compris? termina-t-il à voix haute.

— Un enfant de cinq ans aurait aussi bien compris que moi. Ce n'est pas difficile, répondit la Cigale, qui cacha les lettres dans sa poitrine.

Tout en causant, sur l'invitation de Passe-Partout, il avait bu et mangé.

La bouteille était vide.

Dans l'assiette, il ne restait que des os, si bien dépouillés, qu'un chat n'y aurait pas trouvé sa nourriture.

— N'as-tu rien à me remettre? reprit Passe-Partout.

— Si, mais j'attendais votre demande.

— A la bonne heure! Tu te formes. Un portefeuille, n'est-ce pas?

— Le voici.

— Qui te l'a confié?

— Un domino noir, au bal de l'Opéra.

— Bien.

Passe-Partout prit le portefeuille, l'ouvrit, y jeta un regard rapide, en retira quelques pièces qu'il mit à part, et le serra dans une des poches de sa redingote.

— Autre chose, dit-il ensuite.

— Quoi donc?

— Caporal?...

— Il a fait son affaire.
— L'homme?
— Tombé du premier coup.
— Mort, ou blessé seulement?
— Tué raide.
— Ses papiers, te les a-t-il remis?
— Caporal ne les remettra qu'à vous, mon... Passe-Partout, répondit la Cigale.
— C'est bien. Tu n'as rien de plus à m'apprendre.
— Rien pour le quart d'heure.
— Ce soir, à l'heure convenue, dans l'endroit que tu sais.
— On y sera.
— Amène Caporal.
— On l'amènera.
— Recommande-lui de ne pas oublier les papiers en question.
— S'il les oublie, c'est que j'aurai moins de tête que lui.
— Va, maintenant. Qu'attends-tu? demanda Passe-Partout.
— Êtes-vous content de votre matelot, mon ca... marade?
— Oui. Comme toujours, tu as été brave et dévoué. Voici ma main.

Au lieu de presser cette main fine et aristocratique entre ses mains rudes et calleuses, le colosse la porta à ses lèvres.

— Grand enfant! fit Passe-Partout, tu ne seras donc jamais un homme?

— Pour être un homme, faut-il oublier que je vous dois tout?

— Assez sur ce sujet. Sois reconnaissant si tu le veux, mais ne me parle jamais de ta reconnaissance.

Passe-Partout n'avait pas pu s'empêcher de laisser percer une certaine amertune dans ces paroles adressées sur un ton rude au débardeur, qui n'en pouvait mais.

La Cigale s'inclina, tout en hochant la tête comme pour dire :

— Vous aurez beau faire, mon maître, vous ne pourrez jamais vous opposer à ce que je vous sacrifie mon sang et ma vie.

Un passé terrible liait l'existence de ces deux hommes, dont l'un appelait l'autre tantôt : *mon matelot*, tantôt : *mon capitaine*.

Seulement, toutes les fois que le premier ouvrait la bouche pour faire allusion à ce passé, l'autre la lui fermait impérieusement.

Passe-Partout, pour couper court aux récriminations de la Cigale, frappa sur la table avec le dos de son couteau.

Le cabaretier parut.

— Combien devons-nous?

— Quarante-cinq sous, messieurs, répondit le prince Plumet.

Passe-Partout paya.

Ils sortirent du cabaret et descendirent la rue Jacob.

Arrivés place Maubert, ils se séparèrent.

Nous ne nous occuperons pas de la Cigale, son itinéraire nous étant connu. Nous l'avons vu à l'œuvre chez la Pacline.

Attachons-nous aux pas de son compagnon.

XV

Les deux Gaspard.

Après avoir laissé la Cigale descendre du côté de la Cité et se perdre dans la foule, Passe-Partout prit la rue des Noyers.

Arrivé devant le numéro 7, il s'arrêta et réfléchit.

— Il n'y a pas à hésiter, se dit-il au bout de quelques instants, il faut donner une fausse piste à suivre à ce fin limier.

Et il s'engagea resolûment dans la cour de la maison.

Peu de temps après, il traversait la foule plus ou moins patibulaire des agents ou des clients de

M. Jules, et il atteignait le grillage de fer derrière lequel instrumentait le jeune et important M. Piquoiseux.

— Monsieur ? dit Passe-Partout, en frappant du bout des doigts contre le grillage.

L'autre ne releva même pas la tête, grommelant un :

— Qu'y a-t-il encore ? qui n'avait rien d'engageant.

— Un mot, s'il vous plaît.

— Je n'ai pas le temps ; attendez.

Et il achevait de tailler un crayon.

— Pardon, monsieur, c'est que ce mot est intéressant.

— Bah ! rien ne presse...

— Très-intéressant même.

— Pour qui ? dit-il en relevant subitement la tête.

— Vous êtes bien curieux maintenant, riposta l'ouvrier, qui tenait à prendre sa revanche aux yeux de l'honorable assistance.

— Hein ! fit Piquoiseux, en jetant un regard dédaigneux sur l'intrus qui osait le traiter si cavalièrement.

— Tout à l'heure vous ne l'étiez pas assez, voici que vous le devenez trop, à présent, continua Passe-Partout avec un sang-froid glacial.

— Que signifie ?...

— Cela signifie que je ne veux pas satisfaire votre curiosité.

— Enfin, que ou qui demandez-vous? dit l'employé furieux, mais intimidé par ce calme souverain.

— Je demande M. Jules.

— Eh! mon ami, tout le monde demande M. Jules, ici. Voilà vingt personnes qui attendent depuis une ou deux heures, et elles passeront avant vous.

— C'est leur droit, si...

— Si... quoi?

— Si, comme moi, ces vingt personnes possèdent la carte que voici.

— Quelle carte?

— Savez-vous lire? dit Passe-Partout, le goguenardant.

— Non ; on ne m'a appris qu'à écrire et à compter, repartit Piquoiseux, qui voulait faire son petit effet aussi.

Naturellement, le groupe de ses flatteurs applaudit avec complaisance.

Passe-Partout mit son chapeau et se dirigea vers la porte de sortie.

— Diable! pensa Piquoiseux, cet homme n'a pas besoin de nous... et nous pouvons avoir besoin de lui... Monsieur! hé! monsieur! cria-t-il.

— Vous me rappelez?

— Oui.

— Alors vous savez lire?

— J'apprendrai exprès pour vous.

— C'est aimable.

— Donnez votre carte.

Passe-Partout prit une carte dans son carnet et la lui tendit.

Le secrétaire la prit d'une main qu'il cherchait à rendre dédaigneuse. Mais à peine eut-il lu le nom écrit sur cette carte, surmontée d'une couronne comtale, qu'il sauta sur sa chaise, poussa une exclamation de surprise, et se levant vivement :

— Comment? s'écria-t-il.

— Oui ! répondit laconiquement Passe-Partout.

— Attendez.

— J'aime mieux cette façon de prononcer ce mot-là.

A l'ébahissement général, Piquoiseux se précipita vers le cabinet du patron et y entra, sans que celui-ci l'eût appelé.

Il en ressortit immédiatement.

— Venez, monsieur, fit-il.

Et il ouvrit la porte toute grande pour laisser passer Passe-Partout.

Puis, congédiant en peu de mots les clients et les agents de M. Jules, qui venaient d'avoir la satisfaction de l'entrevoir dans l'autre pièce sans pouvoir lui parler, il ferma la porte d'entrée à double tour et se remit à griffonner dans sa cage grillée.

M. Jules et Passe-Partout se trouvaient en présence.

Il y eut une pause.

L'ancien agent de la police de sûreté n'entrait jamais en relations, amicales ou hostiles avec un nouveau visage sans l'avoir étudié dans tous ses détails.

De son côté, le capitaine tant vénéré par le brave la Cigale savait avoir affaire à forte partie.

Il ne tenait certes pas à engager le feu le premier.

M. Jules ayant passé son petit examen, commença, en lui indiquant un siége du doigt :

— Donnez-vous la peine de vous asseoir, monsieur.

Passe-Partout s'assit.

Alors, M. Jules, qui ne cessait pas de l'étudier, laissa échapper un léger éclat de rire :

— Il faut avouer, dit-il pour expliquer son hilarité, il faut avouer qu'un spectateur désintéressé aurait bien de la peine à reconnaître, à leur mise, les deux personnes qui se trouvent dans ce cabinet.

L'ouvrier fit un geste qui équivalait à une interrogation.

— Moi, je suis mis comme un duc et pair, ajouta-t-il en faisant jabot et en appelant l'attention sur sa mise de perruquier endimanché qu'il prenait pour le suprême du genre, et vous, monsieur le comte de Mauclerc, vous vous êtes donné le souci de vous déguiser en ouvrier qui sort de son atelier.

Et M. Jules se remit à rire.

Passe-Partout ne se dérida pas.

— C'est bien à monsieur le comte de Mauclerc que j'ai l'honneur de m'adresser, n'est-ce pas?

— Je ne crois pas, monsieur, lui fut-il répondu.

— Hein? quoi? vous ne seriez pas le comte?

— Pas le moins du monde, répondit Passe-Partout, qui ne sortait pas de son flegme anglican.

— Vous plaisantez? s'écria l'autre, en fronçant les sourcils à la façon du Jupiter olympien.

— Je ne plaisante jamais, répartit l'ouvrier. Vous m'interrogez et vous me dites : « Vous êtes le comte de Mauclerc? » Je vous réponds : « Pas le moins du monde! » Je ne vois pas l'ombre d'une plaisanterie dans ma réponse.

— Ah çà! est-ce que vous êtes venu ici pour vous *ficher* de moi? gronda l'agent d'un ton menaçant?

— Franchement, je cherche ce que cela pourrait me rapporter.

— Moi aussi! Voyons, assez causé. Qui êtes-vous?... Vous me connaissez, je suis... M. Jules, et je n'aime pas avoir affaire à des gens que je ne connais pas.

— Oui, c'est un avantage que vous ne voulez pas laisser sur vous à votre interlocuteur.

— Peut-être bien, répondit M. Jules, fâché et surpris à la fois de se voir si promptement percé à jour. Répondez-moi ou prenez garde à vous!

— Mon cher monsieur, dit lentement Passe-Partout, permettez-moi de vous faire observer, avec tout le respect qu'un inconnu doit au célèbre

M. Jules, que vous vous rendez souverainement ridicule.

— Ridicule! reprit l'agent.

— Certes, oui, ridicule, continua-t-il en appuyant sur chaque syllabe de façon à rendre le mot deux fois plus rude à accepter. Comment! je viens ici pour vous rendre service...

— Service... vous, à moi!...

— Et vous me traitez comme votre domestique, si vous avez un domestique!

— Tonnerre! vous allez continuer longtemps comme ça!

— Et vous me menacez? Croyez-vous pas que moi, qui me suis introduit volontairement dans votre tanière, je sois homme à trembler parce que je me trouve en face d'un ancien forçat libéré?

— Sacré mille millions de...!

— D'un ex-agent de la police de sûreté, ajouta Passe-Partout d'une voix lente et mesurée.

— Vous seriez le *boulanger* en personne, que je ne souffrirais pas... cria M. Jules hors de lui, et se levant avec rage.

Mais l'autre ne le laissa pas même achever sa phrase :

— Et pourquoi, puisque vous n'êtes plus ni l'un ni l'autre, puisque, par la grâce royale et par la démission qu'on vous a obligé de donner, vous êtes rentré dans la catégorie des simples particuliers, sans autre influence que leur propre et mince mérite, pourquoi voulez-vous que je frissonne en votre présence?

— Par le *meg des megs !* jura M. Jules en levant les deux points, voilà un *pante* qui me fera *bibarder* de dix ans en une heure!

— Ah! je vous supplie de remarquer que vous me parlez argot, langue qui m'est totalement étrangère.

— Ce n'est pas vrai, malin ; tu dévides le jars comme moi, j'en suis sûr, fit l'ex-agent, qui ne se possédait plus.

— Si c'est pour m'injurier, à votre aise, allez, mon bon ami, je vous répondrai en hindoustani. Cela fera une charmante conversation.

— V'là qu'il parle hindoustani ! répliqua l'ex-agent.

Probablement cette remarque calma M. Jules, car sa colère tomba comme un grand vent abattu par une petite pluie. Il comprit qu'il n'obtiendrait rien par la violence.

Aussi, avalant la rude semonce qu'on venait de lui administrer, il changea de manières et de ton.

— Enfin, voyons, ne nous fâchons pas.

— Cela vaudra mieux.

— Je ne demande pas mieux que de m'entendre avec vous.

— Écoutez-moi, alors.

— Vous m'avez fait passer la carte du comte de Mauclerc?

— C'est vrai.
— Est-ce lui qui vous a chargé de me la remettre?
— Peut-être oui, peut-être non.
— Nous allons recommencer! fit M. Jules, qui pourtant cherchait à se contenir.
— Nous recommencerons tant que vous vous entêterez dans vos points d'interrogation.
— Ainsi, vous venez chez moi pour me mettre une gourmette, une bride et une selle sur le dos?
— C'est à peu près cela, dit Passe-Partout en souriant.
— Avez-vous apporté votre chambrière et vos éperons, au moins? ricana l'homme de police.
— Vous verrez cela tout à l'heure.
— Voyons, sérieusement, là... Je reconnais que vous valez mieux et plus que votre enveloppe de pacotille.
— Bien obligé.
— Que demandez-vous? que cherchez-vous? que voulez-vous?
— Mon pauvre monsieur Jules, vous êtes réellement incorrigible. Enfin, je suis bon prince et je veux bien vous répondre.
— Ah! soupira-t-il avec satisfaction.
— Personnellement, moi, je ne vous demande rien; je ne viens chercher ni homme ni chose chez vous, et je ne veux ni bien ni mal.
— Tonnerre! Enfin vous venez de la part de

quelqu'un? Vous savez que je suis, ou plutôt que j'étais en relation avec ce Mauclerc que le diable peut bien étrangler pour tout le mal qu'il me donne?

— Ah! vous brûlez, comme disent les enfants.
— Donc?
— Donc, je viens à vous de la part d'une de mes connaissances.
— Qui se nomme?
— Louis-Horace Escoubleau de Sourdis, comte de Mauclerc. Etes-vous satisfait?

Cela fut dit avec une ironie de si bon goût, que l'ex-agent de la police de sûreté ne sut plus s'il devait remercier ou se fâcher de nouveau.

— Satisfait... satisfait... répondit-il, je ne le serai que quand je saurai à qui j'ai affaire.
— Que vous importe?
— Vous me le direz, à la fin des fins!
— J'en suis désespéré pour vous, mon cher monsieur, mais comme cela ne vous regarde aucunement, vous m'autoriserez bien à garder le plus strict ingognito.
— Alors vous vous méfiez de moi?
— Pouvez-vous le penser?
— Je le pense *d'autor et d'achar*.
— Encore de l'argot!
— Je le pense fermement, se reprit M. Jules.
— Eh bien! monsieur, fit agréablement Passe-Partout, entre nous; — nous sommes bien seuls,

n'est-ce pas? — entre nous, vous avez raison de le penser.

Pour le coup, M. Jules bondit comme un cheval qui vient de recevoir une volée de coups de cravache.

— Je puis vous faire arrêter, cria-t-il.

— Je voudrais voir cela, fit l'autre en riant.

— Oui? Eh bien! vous le verrez.

— Vous oubliez, cher monsieur Jules que vous n'êtes plus chef de la brigade de sûreté, fit Passe-Partout, en tambourinant sur la table du bout de ses doigts.

— Qu'est-ce que cela fait?

— On n'arrête pas les gens sans rime ni raison, dans notre beau pays de France.

— Vous croyez ça, vous?

— Surtout quand on n'est rien.

— Rien? moi!

— D'ailleurs, essayez. Je suis curieux de voir comment vous vous y prendrez.

— Pardieu! Je n'en aurai pas le démenti, s'écria le patron, qui se précipita vers le coin de son cabinet où se trouvait la sonnette d'appel.

— Je vous en défie.

Et Passe-Partout se leva aussi.

M. Jules sonna violemment.

— Faites! faites! dit l'ouvrier en lui riant au nez; seulement, je vous en avertis, je parlerai.

— Vous pouvez bien chanter si ça vous amuse.

— Je suis très-bavard.

— Tant pis pour les autres.

On frappa à la porte.

Le patron allait crier : Entrez! mais il s'arrêta en entendant Passe-Partout prononcer les quelques mots que voici :

— Avez-vous eu vent, cher monsieur Jules, d'une certaine affaire Ger... Ger... aidez-moi donc?

— Vous dites? s'écria-t-il effaré.

— Meur!... Germeur! c'est cela. Nous avons aussi l'histoire de la famille de l'Estang...

— De l'Estang!

Et l'ex-agent recula comme devant un fantôme qui se serait soudainement dressé devant ses yeux.

En ce moment, la porte s'ouvrit, et Piquoiseux, qui avait donné à son patron deux fois le temps moral de lui ordonner de paraître, craignant de ne pas avoir entendu sa réplique, entra en scène.

— F...lanquez-moi la paix, vous! Qui est-ce qui vous a appelé?

Et d'un violent coup de pied il ferma la porte au nez de ce charmant M. Piquoiseux.

Il ne vint même pas à l'idée du secrétaire de répondre à son chef : Mais vous m'avez sonné! tant il était accoutumé à une obéissance passive.

— Décidément vous êtes un bon zig... je veux dire une rude lame... Il n'y a rien à gagner dans un duel avec vous... Soyons amis, hein?

— Je ne suis pas venu pour vous êtes désagréable, répondit Passe-Partout, médiocrement dupe de ces avances doucereuses.

— Ainsi, vous savez?... reprit-il avec une quasi-émotion dans la voix.

— Tout! dit nettement l'autre.

Cette réponse amena un silence.

Ce fut M. Jules qui le rompit encore.

Toute trace de colère avait disparu de son visage.

Par un effort suprême de sa volonté, sa physionomie avait repris une expression de bienveillance et de franchise.

— Vous êtes un homme comme je les aime. Ne faites plus attention aux calembredaines que je vous ai lâchées. C'était pour vous éprouver. Je suis convaincu de votre valeur; nous allons, si vous le voulez bien, traiter à présent de puissance à puissance.

— Comme il vous plaira. Alors, nous pouvons nous rasseoir.

— J'ai encore une demi-heure à vous donner.

— Quand je vous disais, dit Passe-Partout avec un fin sourire, qu'à la longue vous prendriez grand intérêt à notre entretien.

— C'est tellement vrai, ce que vous dites-là que je ne demande pas mieux que de vous laisser parler trente minutes, sans me permettre la moindre interruption.

Il était redevenu maître de lui-même.

L'ouvrier sentit qu'il ne s'agissait plus de s'amuser aux bagatelles de la porte. Il était parvenu à enfourcher cette bête rétive, et il ne s'agissait plus pour lui que de la diriger et de lui faire exécuter les courbettes et les changements de pied d'usage dans la haute école.

— Venons au fait, dit-il.
— J'écoute.
— M. de Mauclerc...
— Disons : Mauclerc, tout court... ce sera moins long et je comprendrai quand même, interrompit-il.
— Soit. Mauclerc avait rendez-vous la nuit dernière, à l'Opéra, avec un de vos hommes ?
— Après ?
— Est-ce vrai ?
— Oui.
— Bien. Arrêtez-moi, si, involontairement, je me dépars d'une seule ligne de l'hommage que je prétends rendre à la déesse Vérité.
— Je serais heureux, ne pût s'empêcher de ricaner M. Jules, si vous vouliez bien m'indiquer l'arrière-boutique où l'on vous enseigne des phrases aussi ronflantes.
— Y entreriez-vous en apprentissage ? fit Passe-Partout plein d'obligeance.
— Aujourd'hui même.
— Eh bien ! nous verrons tout à l'heure.

— Je retiens votre promesse. Revenons à notre mouton.

— Singulier mouton que Mauclerc ! Enfin, je vous obéis... Vous n'ignorez pas que, soit qu'il fût échauffé par les fumées du champagne, soit qu'on l'eût provoqué, il s'est pris de querelle en plein bal.

— J'ai là le rapport de mon agent, dit M. Jules en montrant un dossier qui se trouvait sur son bureau et sur lequel se lisaient en lettres majuscules ces mots : *Affaire Mauclerc*.

— Votre agent vous a-t-il appris la suite de cette querelle?

— Non. Je l'attends.

— Je puis vous éviter cette attente pénible?

— Oh! pénible! Allez toujours.

— Mauclerc a souffleté son adversaire.

— Je croyais le contraire. On m'a assuré que c'est lui qui avait été giflé le premier.

— On s'était contenté de lui ganter la figure.

— Ganter est joli! Il y a ganter et ganter, dit-il en riant. Bref, ces messieurs se sont battus, n'est-ce pas?

— Oui.

— Et l'adversaire de Mauclerc est sur le flanc; voilà qui m'explique sa disparition. Il aura filé pour la Belgique.

— Ce n'est pas cela.

— Il n'a pas filé?

— Ce départ était difficile. Mauclerc, qui venait de blesser son premier adversaire, a de son second reçu un coup d'épée au travers du corps.

— Ils se sont mis à deux ? c'est un assassinat !

— Non. Il y a eu deux duels au lieu d'un.

— Les témoins n'auraient pas dû le permettre.

— On n'est pas sorti des règles les plus strictes d'une rencontre loyale.

— Une si bonne lame, se faire trouer le bedon, pardon, le ventre, aussi maladroitement !

— Maladroitement? que nenni. Il n'a été touché que par un coup de maître.

— Vous y étiez ?

— J'étais un des témoins de Mauclerc.

— Excusez du peu ! Pour un ouvrier, vous avez de belles connaissances.

— Dans ces moments-là, on est embarrassé, et, pour peu qu'on veuille en finir vite, on prend qui vous tombe sous la main, fit modestement Passe-Partout.

— En somme, est-il blessé grièvement le maladroit ?

— On craint pour sa vie. Le médecin qui a fait le premier pansement n'a qu'un bien faible espoir.

— Bigre ! Et où l'a-t-on transporté?

— Trop faible pour que ses témoins pussent le ramener à son domicile, il a été conduit Allée des Veuves, dans la maison de santé du docteur Martel.

— Bonne maison !

— Vous la connaissez ?

— Oui.

— Et le docteur Martel ?

— Je dois le connaître aussi, répondit vaniteusement M. Jules; mais continuez.

— En reprenant ses forces, Mauclerc m'a aperçu, et, faisant de la main un geste pour éloigner tous les assistants, il m'a prié de me pencher vers lui...

— Allez, je ne perds pas un mot de la mise en scène, dit l'homme.

— Je lui obéis; alors, me serrant la main et me parlant à l'oreille, il me dit : Mon ami, vous m'avez déjà rendu le bon office de me servir de témoin...

— Joli service! grommela l'autre.

— Des motifs de la plus haute gravité m'obligent à mander ici une personne que...

Il s'interrompit, et rappelant le docteur Martel, qui s'était écarté un moment et se tenait dans une encoignure de fenêtre.

— Docteur, lui demanda-t-il d'une voix de plus en plus faible, docteur, je suis un homme brave et j'ai besoin de savoir à quoi m'en tenir; combien de temps me reste-t-il à vivre ?

Et comme le docteur Martel hésitait :

— La vérité, docteur, la vérité! Il y va des plus graves intérêts...

— Mais, monsieur, répondit M. Martel, ne pensez pas à cela; je ne peux rien assurer, du reste, ce n'est pas le moment de vous occuper des affaires des autres...

— Oui, fit M. Jules, tous les biais qu'on trouve en pareil cas.

— Mais le blessé se dressant sur son séant : Je vous somme de me répondre ; ai-je deux heures devant moi? — Oh! plus que cela, répondit le médecin. — Deux jours? — Il n'eut pas de réponse. — Un jour ? — Oui, si le mieux que j'espère se produit ; sinon, le sang vous... — Le sang m'étouffera? — J'espère que non. — Mais c'est possible. — Le médecin se taisant de nouveau, Mauclerc lui dit : Merci.

— Un crâne mâle, tout de même, grommela M. Jules avec l'admiration que tout homme de sa trempe a pour le courage matériel et brutal. Et alors, qu'est-ce qu'il vous a dit, tout bas?

— Il faut que je voie M. Jules... Allez le trouver à son agence, 7, rue des Noyers, et priez-le de venir.

— Tout de suite! s'écria M. Jules. Ah! sacrebleu! voilà une heure que vous me faites jaser quand c'était si facile de me...

— Et priez-le de venir à six heures du soir, continua imperturbablement Passe-Partout.

— Pourquoi si tard?

— A cette heure-là, dit le blessé, j'aurai envoyé chercher des papiers que je veux lui remettre... D'ici là, je vivrai, je vous le jure...

— Très-bien... je comprends! fit l'ex-agent en

se frottant les mains d'un air de jubilation... Les papiers... bon !

— Vous comprenez? tant mieux, fit froidement l'ouvrier. Moi je n'ai pas à comprendre, j'ai à accomplir ma mission, et je l'accomplis le mieux qu'il m'est possible. Que ces papiers soient curieux, qu'ils ne le soient pas, je ne demande ni à les voir ni à les lire. Je me rends au vœu d'un blessé, d'un mourant peut-être, c'est tout.

— Oh! ils ne vous intéresseraient guère.

— Je le suppose. Le comte m'a chargé de vous recommander de ne pas vous faire annoncer sous votre nom.

— Il rougit de ses amis à son heure dernière, ce monsieur! fit le patron du jeune et beau Piquoiseux, moitié blessé dans son amour-propre, moitié convaincu de l'utilité de cette précaution. C'est bon. On mettra un faux nez, si c'est nécessaire.

— Cela vous regarde.

— Ah! le comte est un gaillard plein de prudence. Il ne laisse rien au hasard.

— Excepté sa vie, quand il la risque sur un dégagement ou sur un coupé mal paré.

— Vous faites des armes? dit narquoisement M. Jules.

— Au régiment, j'ai été prévôt en second.

— Je voudrais bien savoir dans quel régiment vous avez servi, vous? fit-il d'un air narquois.

— Dans le quatrième *plongeur à cheval*, riposta Passe-Partout en riant.

— Vous n'êtes pas bête, vous !

— Vous avez mis du temps à vous en apercevoir.

— Et si vous vouliez, continua-t-il, vous pourriez vous faire une jolie position.

— Où cela ?

— Dans mon agence de renseignements. Hein ? qu'en pensez-vous ?

— Nous en recauserons... si les conditions sont bonnes... je ne dis pas non.

— Il ne dit pas non, c'est oui, pensa M. Jules, je le tiens... Oh ! les conditions, fit-il tout haut, vous les fixerez vous-même, mon cher monsieur... monsieur ?...

— Rifflard, ouvrier cambreur, répondit Passe-Partout avec sang-froid.

M. Jules éclata de rire.

— Va pour Rifflard ! et à ce soir.

— Où cela ?

— Ne serez-vous pas à six heures au chevet de notre ami Mauclerc ?

— J'y serai. Ainsi, je puis répondre à ce pauvre diable de blessé que vous ne lui ferez pas faux bond ?

— A six heures précises, ce soir, chez le docteur Martel, allée des Veuves.

— Je vous félicite de votre mémoire.

— Vous verrez plus tard, mon cher monsieur Rifflard, que je n'en manque réellement pas, fit-il avec son air bonhomme, bien plus redoutable que ses roulements d'yeux furibonds.

— Maintenant, cher monsieur Jules, il ne me reste plus qu'à prendre congé de vous.

— Pas avant d'avoir accepté tous mes remercîments pour tout l'ennui que je viens de vous causer, fit M. Jules en lui tendant la main.

Passe-Partout prit bravement la main de M. Jules et la serra assez pour que l'ex-agent crût réellement l'avoir embauché; puis il se dirigea vers la porte du cabinet.

— Une prière, cher monsieur, dit-il au moment où il en touchait le bouton.

— Parlez!

— Ne pourriez-vous pas m'éviter la corvée de traverser de nouveau cette horrible salle, pleine de gens crottés qui empestent le tabac et le cigare?

— Ah! monsieur Rifflard! monsieur Rifflard! répondit M. Jules en riant, pour un ouvrier cambreur... D'ailleurs, vous oubliez que j'ai renvoyé tout mon monde.

— Ah! monsieur Jules! monsieur Jules! vous allez redevenir indiscret... Est-ce que je me suis entêté à vous parler de l'affaire Germeur ou de la famille de l'Estang, moi?

Le sourire s'éteignit sur les lèvres de l'ex-chef de la brigade de sûreté.

Pour la seconde fois il était réduit au silence,

maté par une réponse faite avec un air d'innocence complète par son mystérieux visiteur.

— Venez, lui dit-il sèchement.

Et il le fit sortir par l'issue dérobée qui avait déjà servi au sieur Charbonneau.

— Tout droit devant vous, ajouta-t-il. L'allée donne dans la rue.

Les deux hommes se saluèrent.

L'ex-agent rentra dans son bureau :

— Qu'est-ce que c'est que ce muscadin-là ?

— On verra plus tard ! — Comment diantre a-t-il eu vent de ces deux satanées affaires ? — Est-il de la *rousse?* — Non. Je le connaîtrais. Ah ! bah ! en attendant que je m'occupe de lui, occupons-nous de l'autre. — Ah ! Monsieur de Warrens, vous n'êtes pas hors de mes griffes ! Je tiens ma revanche. Elle m'arrive toute seule, ou par l'entremise de M. Rifflard... Joli nom qu'il a choisi là ! Enfin !... il ne faut pas trop se plaindre. Cette providence aveugle, le hasard, — comme dirait M. Lacressonnière au théâtre de l'Ambigu, — se charge de réparer la sottise de Coquillard-Charbonneau.

Et tout compte fait, M. Jules ne fut pas mécontent de sa matinée.

De son côté, Passe-Partout Rifflard s'éloignait joyeusement, à grands pas, de la maison sise numéro 7, rue des Noyers, murmurant à part lui, tout en regardant avec soin si l'autre ne l'avait pas fait suivre.

— Vive Dieu! Ai-je bien joué mon petit rôle!, ainsi que le disait Sa Majesté Charles le neuvième de sanglante mémoire! — Si tu ne m'as point pris pour Rifflard, l'ouvrier cambreur, je ne pense pas que tu puisses mettre un nom sur ton visiteur de ce matin, mon pauvre Jules, vieux lion sans dents et sans griffes. Voilà donc encore une réputation d'habileté usurpée dans ce Paris, où tant de bateleurs de toutes sortes font leurs nids et leurs trous! A ce soir, vieux lion, à ce soir!

Et Passe-Partout monta philosophiquement dans un omnibus qui passait.

Où allait-il, cet omnibus?

Le conducteur seul aurait pu répondre à cette question, Passe-Partout en ignorant la direction tout autant que vous et nous, chers lecteurs.

TABLE

Lettre à M. Amyot............................. 1
PROLOGUE. — A VOL D'OISEAU.
   I. — Où Passe-Partout entre en scène........... 5
   II. — Un enlèvement qui n'est pas ce qu'il paraît être.. 23
   III. — Reproduction d'un tableau de Gérôme........ 39
   IV. — Où il est démontré que le carnaval n'est pas gai
         pour tout le monde................. 59
LES COMPAGNONS DE LA LUNE.
   I. — Ce qui se passait dans un cabinet particulier de la
         rôtisseuse Basset, dans la nuit du samedi au di-
         manche gras 1847................. 73
   II. — Où l'inconnu lève un peu son masque........ 9
   III. — Un bal à l'hôtel de Warrens............. 111
   IV. — Apparition d'une étoile que M. Leverrier n'aurait
         pas découverte................... 133
   V. — Ce que peut cacher un manteau vénitien....... 145
   VI. — L'Invisible...................... 165
   VII. — Echec au roi, échec à la reine, échec à la police... 181
   VIII. — Où le lecteur fait connaissance avec Mouchette... 195
   IX. — Où Raton taquine Bertrand.............. 223
   X. — La Réveilleuse..................... 241
   XI. — Le Messager de l'Invisible.............. 263
   XII. — Charbonneau ou Coquillard?............. 279
   XIII. — Une Providence borgne............... 295
   XIV. — Le chien et son maître............... 315
   XV. — Les deux Gaspard.................. 331

Paris. — Imprimerie ANSOUS DE RIVIÈRE et C°, rue Racine, 26.

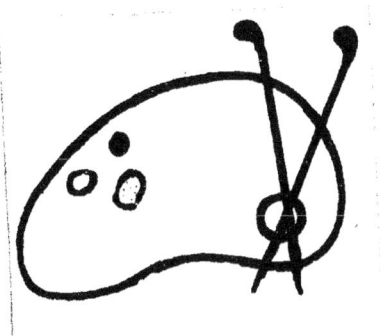

Original en couleur
NF Z 43-120-B

R A P P O R T   15

BIBLIOTHÈQUE NATIONALE

CHÂTEAU
de
SABLÉ
1984

www.ingramcontent.com/pod-product-compliance
Lightning Source LLC
Chambersburg PA
CBHW070852170426
43202CB00012B/2043